斎藤一人
人生が
ダイヤモンドに
変わります

HOW TO SHINE YOUR LIFE LIKE A DIAMOND

斎藤一人　みっちゃん先生

マキノ出版

はじめに

はい、こんにちは。斎藤一人《さいとうひとり》です。今回は、久しぶりに弟子のみっちゃん（みっちゃん先生）が本を出すことになり、とてもうれしく思います。

みっちゃんといえば、「玄武神《げんぶしん》」がトレードマークです。これは昔、まるかんの女性社長たちの守護神として「青龍《せいりゅう》」「朱雀《すざく》」「白虎《びゃっこ》」「玄武《げんぶ》」の四神（※）を振り分けたとき、みっちゃんはなんとなく玄武神のイメージだったの。

それだけの話なんだけど、偶然のようであって、偶然じゃない何かがあるんだよね。表面的には偶然だけど、必然的に玄武神が割り当てられているんです。

ただ、こういう不思議な話は理由づけをすればするほど混乱しておかしくなっちゃうものだから、うまく割り当てられたなぁと思う程度でいい。なぜかわからないけど、みっちゃんは玄武神が好きだし、ぴったりのイメージなんだよね。

それで結局、何が言いたいんですかって、玄武神は天と地獄を自由に往来できる唯一の神様で、地獄で苦しむ人々を助け出す力を持っているとされるの。体は固い甲羅で覆われた亀だけど、龍の顔をしている、優しくも強い神様。

これが、まさにみっちゃんそのものなんです。慈愛と強さを併せ持っている。

そんなみっちゃんだから届けられる話があるし、今、苦しみのなかにいる人を助けられる力を持っているのがみっちゃんなんだ。

みっちゃんは、一人さんが仕事をするときも、旅に出るときも、いつもそばでおともをしてくれます。毎日、みっちゃんといろんな話をするのですが、周りの人がいつも「みっちゃん先生にしか引き出せない一人さんの言葉がいっぱいある」って言うんだよね。

この本は、そういうお話をまとめたものです。

優しい言葉と愛がいっぱい詰まった特別な本ですから、きっとあなたの心を温め、肩の荷を下ろしてくれることでしょう。

なお、みっちゃんはとても遠慮深い人で、実のところ、あまり本を出すことがありません。いつも、出版社のかたから、「どうしても」と頼み込まれて書くだけですから、本書もたいへん貴重な1冊と言えます。

シャイなみっちゃんは、次にいつ本を書いてくれるかわかりませんので（笑）、この本は、何回でも繰り返し楽しく読んでくださいね。

斎藤一人

（※）中国で、天の方角を護《まも》ると言われる伝説の神獣。「青龍」は東を護る龍、「朱雀」は南を護る鳳凰《ほうおう》、「白虎」は西を護る虎、「玄武」は北を護る亀とされる。まるかんでは、青龍・柴村恵美子《しばむらえみこ》さん、朱雀・舛岡《ますおか》はなゑさん、白虎・宮本真由美《みやもとまゆみ》さんの守護神。

みっちゃん先生からのご挨拶

師匠の斎藤一人さんから、すてきなご紹介をいただきました。

改めまして、みっちゃん先生こと、みっちゃん先生です（これは一人さんが考えてくれた、私のお決まりのご挨拶です）。

私は、まだオムツをしていた頃に一人さんと出会い、人生のほとんどを一人さんとともに過ごしてきました。物心がついたときにはすでに一人さんが近くにいましたし、人生でピンチに陥ったときは、いつもスーパーマンのように一人さんが現れて救ってくれました。

最初は、いとこの友達という存在だった一人さんですが、やがて私の本当の兄のようになり、今では神様みたいなお師匠さんです。

なんという得難いご縁をいただいたものかと、未だに信じられないような、ありがたい気持ちでいます。

そんなわけで、私は一人さんのことが大好きです。そして、大好きな一人さんが大切に思っている神様のことも、大大大好きです！

一人さんは、神様を好きな理由をこう語っています。

「この地球を作り、宇宙を作り、俺たち人間も動物も全部作ってくれたのは神様なんだよ。にもかかわらず、神様は1円も要求しないだろ？（笑）こんなに心の広い存在っていないよね。だから俺は神様が好きだし、少しでも神様みたいな生き方をしたいんだ」

神様といっても、何かの宗教ではありません。この宇宙を作った偉大なエネルギーというか、お天道様《てんとさま》みたいなものだよって一人さんは言います。ですから、この本でもあちこちに神様という言葉が出てきますが、そのような意味で捉えてくださいね。

神様の生き様をなぞるようにして生きると、私たちの人生は絶対に間違うことがないそうです。当たり前ですね、この世は神様が作り上げたものですから。

そのことを、一人さんは最初からずっと伝え続けてきました。一人さんの著書はすでに300冊以上（もっとかもしれません！）ありますが、違った角度から書かれているだけで、その本質はどれも「神の道を生きな」というシンプルなメッセージです。

もちろん、この本も同じです。

「幸せって、どう考えるかだよ。考え方次第でいい方向へもいくし、そうでもない方向にもいく。すべては自分の考えた通り、そっくりそのままのストーリーが展開されるの。

考え方が変われば、運気も人生も変わる。

人生という名の電車は、自分の意志でいくらでも乗り換えられるんだ」

これは私が最初に一人さんに教えてもらった、神の道を象徴するメッセージですが、私の大好きな言葉なので、そのままみなさんに贈ります。

今、この瞬間にあなたが幸せになれますように。そして、その幸せが芋づる式に次の幸せを呼び込み、あなたの人生がダイヤモンドのような輝きを放ちますように。本書をもって、少しでもそのお手伝いができればうれしいです。

たくさんの愛を込めて――。

みっちゃん先生

人生がダイヤモンドに変わります　もくじ

第2章 考え方一つで仕事はうまくいく……45

第4章　対人関係はズバリこれで楽勝だよ……113

第5章　今、ここからオトクな人生を始めな……139

斎藤一人　人生がダイヤモンドに変わります

装画　CSA Images/
Getty Images
装丁　田栗克己
構成　古田尚子
協力　風間幸児
編集　髙畑　圭

第1章

成功者が大切にしている基本の習慣

優しさに欠ける人はひとかどの人物になれないんだ

みっちゃん先生　一人さんを形容する言葉はたくさんありますが、そのなかでもいちばんだと思うのは、やっぱり「優しい」ことだと思います。いつでも、誰に対しても本当に優しいし、愛の塊みたいな人だなぁって。

一人さん　そうかい？　ありがとうね。

ただ、一人さんは「みんなに優しくしなきゃ」って意識しているわけじゃないの。こういう生き方しかできないんだよね。

自然に、地でやってることだから、正直、自分ではよくわからない（笑）。それでも、こういう生き方をするなかで感じたことがあって。

それは何かと言うと、「成功している人はみんな優しい」ということ。

一人さんが知る限り、優しくない成功者ってひとりもいません。一見成功しているように見えても、優しくない人って、気がつけば転げ落ちていたり、仕事はうまくいっていてもプライベートがゴタゴタしていたりで、本当の意味では成功していない。

優しい人って、人間にはもちろんだけど、動物にも自然にも優しいよ。なかでも、自分より下の立場にいる人には本当に情けがある。

でも、それって当然かもしれないね。だってそれができないんだとしたら、人から嫌われちゃうでしょ？　**成功って自分ひとりの力では成せないことだから、人に嫌われながら手に入れられるものじゃない。**

優しさに欠ける人は、どうやったってひとかどの人物にはなれないよ。

みっちゃん先生　言われてみれば、大物と言われる人ほど周りに気を遣うものですよね。一人さんもそうですけど、食べ物屋さんに行っても絶対にお店の人を下に見ないし、「ありがとう」「おいしかったよ」「いいお店ですね」っていう声がけも忘れない。

その言葉からは、お店への感謝や敬いが伝わってきます。
お客さんというと、お店の人より立場が上だと勘違いしちゃう人もいると思うのですが、一人さんはどこへ行っても絶対にいばりませんね。職業も立場も、性別も、年齢も関係ない。みんなに優しいの。

一人さん　成功には、愛が不可欠なんだ。じゃあ、愛ってなんですかって、優しさだよ。相手のことを考え、思いやる気持ちがあること。
自分のことばかり考えるのはエゴだし、エゴにまみれてると失敗の人生になるよね。

全力で自分に優しくする。それが成功の第一歩

一人さん　みっちゃんは俺のことを褒めてくれるけど、そういうみっちゃんこそ優しさの塊だよね。引っ込み思案でつらい思いもしていたけど、俺は「みっちゃんが

成功しないわけがない」って、最初からわかっていたよ。

みっちゃん先生　うれしい、ありがとうございます！　もともと私はのんびり屋で、勉強もできないし、ずっと自信ゼロでしたから（笑）。でも、そんな私に、一人さんはいつも「みっちゃんは優しい子だね」「笑顔がかわいいね」「そのままでいいんだよ」って声をかけ続けてくれました。一人さんの励ましがなければ、今の私はいません。

一人さん　あのね、みっちゃんみたいに生まれつき優しい気質の人って、繊細なタイプが多いの。繊細すぎて、自分より優秀な人を見ると「自分なんて……」っていう落ち込みに入りやすいところがあるんだよね。

優しさを弱さと間違えて、弱い自分はダメなんだって自分を否定しちゃうの。だから俺はまず、「みっちゃんは弱くなんてないよ。本当は、人の気持ちがわかる優しい子なんだ」ってことを知って欲しかった。優しい自分を愛して欲しかったんだよ。

でね、もともと優しい気質の人は、ちょっと自分に優しくできるようになると、ほかの人にも優しさが爆発するの。それこそ、ダダーッと成功の階段を駆け上がっちゃうことがあるんだよ。まさに、みっちゃんがそうだったね。

みっちゃん先生 わぁ……、一人さんが優しさを爆発させてくれたんですね♡

一人さん それくらい、自分に優しくするって大事なことなんだ。**全力で自分に優しくする。これが成功の第一歩**だね。

みっちゃん先生 自分に優しくすることが、ほかの人への優しさにつながることがよくわからないという人もいるようですが、これは考えるより実践した方がわかりやすいと思います。

本気で自分に優しくすると、間違いなく自然に周りの人のことも愛《いと》おしくなってくるから。自分がハッピーで満たされることで、「私と同じように、この人にも幸せになって欲しいな」っていう感情が湧いてきます。

一人さん　その通りだよ。一人さんはこれまで、自分に優しくすることの大切さを繰り返し伝え続けてきました。何十年にもわたって、同じ話をしてきたの。

いい加減、聞き飽きたっていう人もいるかもしれないけど（笑）、それでもこうしてまたお伝えしているのは、幸せになるには絶対欠かせない重要なことだからです。

これだけはみんなに知って欲しい。実践して欲しい。少しでも伝わればうれしいです。

つらいとき、苦しいときこそ遊ばなくちゃ

みっちゃん先生　私は20代の頃、つらいことがいろいろ重なってノイローゼにな

り、そこからうつ病や拒食症を経験しました。53kgあった体重があっという間に39kgになり、ひとりポツンと暗闇のなかに放り出されたような、今、思い返してもつらく苦しい日々……。

そんな地獄から助け出してくれたのも、やっぱり一人さんです。

私の様子がおかしいことに気づくと、一人さんは毎日のように「遊びに行こうよ！」「ご飯食べに行こうよ！」って誘い出してくれて。おいしいものをいっぱいご馳走《ちそう》してくれましたね。

あのときほど、「神様っているんだなぁ」って思ったことはありません。一人さんが神様に見えた。本当に救われました。

一人さん　引きこもってばかりで、みっちゃんはもう長いこと自分のために買い物なんてしてないだろうなって思ったから、「おしゃれしな」「買い物しな」って言ったら、驚くほどキラキラし出したよね。

みっちゃん先生　そうでした！　最初は恐るおそる靴を１足……そうしたら、次々と「これを履いてどこに行こう♡」って思えるような靴が目に飛び込んできて、お小遣いで買えるだけ買い込んで（笑）。その次はキラキラしたものが身につけたくなり、かわいいブローチを買うために毎日お買い物に出かけました。

気がついたら、自分でもびっくりするほど元気で、顔もふっくらツヤツヤしているんです。「あれ？　私、確かうつ病だったわよね？」「どうして真っ暗な部屋に引きこもってたのかしら？」って笑えてきちゃった（笑）。

一人さん　遊び回って楽しんでる人が、ノイローゼだのうつ病だのってなりようがないよね（笑）。遊びを楽しみながら思い詰めることってないし、そんな人が自殺するなんてこともないの。

元気になりたかったら、元気な人がやってそうなことをしたらいいいんだよね。元気で明るい人みたく、じゃんじゃん遊びまくったらいい。

遊ぶことが、心にとっても体にとってもいちばんの健康法なんだ。

みっちゃん先生　一人さんがいつも言いますよね。ワクワクすると、もっとワクワクするような楽しい情報とつながるよって。自分をかわいがって楽しんでいると、もっと楽しくなるようなことが起きるよって。

その反対に、いつも泣いている人には、また泣きたくなるような出来事が起きるし、怒ってばかりの人には、怒りしか湧かない情報しかもたらされません。

なぜなら、この宇宙には「波動の法則」といって、あらゆる生命体やモノ、現象は同じ波動に共鳴して引き合う性質があるから。

一人さん　その通りだよ。成功したかったら、まず成功者の波動を出さなきゃいけない。それには遊びがいちばん。だって、成功者はいかにも楽しく遊んでそうでしょ？（笑）

この地球は、楽しんだ人が成功し続けるようになっています。だから遊ばなきゃいけないし、遊びを忘れてしまうとたちまちうまくいかなくなるんだ。

つらいときほど遊びな。苦しいときほど自分を笑わせ、楽しませてあげなきゃいけません。それこそ、死ぬまで遊んで遊んで、遊び倒すんだよ。

「自分褒め」で欠点を宝物に変えてみな

みっちゃん先生　一人さんが教えてくれた、こんな言葉があります。

「自分をうんと褒めてあげな。自分のなかにある宝物を掘り起こせるからね」

私たちはすぐ人と比べて落ち込み、周りから認められないと自分を否定し始めます。自分をダメな人間だと決めつける。

でもそれって、いちばん自分を粗末にする行為だよって。

一人さん　そういう自分の否定に走りがちな人は、自分と親友になるといいんです。大好きな親友は否定したくないし、どんどん褒めたくなっちゃうでしょ？　そういうつもりで、自分とつきあってみな。親友だと思えば、欠点だってゆるせるよね。

というか、そもそも欠点ってただの個性です。決してダメなところじゃない。その個性をどう活かせば楽しめるかな、成功できるかなって考えるべきところなんだよ。

世の中には、欠点に見えるような個性を活かして大成功した人がいます。欠点を宝物に変えた人がたくさんいるの。

一人さんの話をすれば、中学校しか出ていないんです。ふつうの人にとっては、これは欠点かもわかんない。でもね、俺にとってこの学歴は最高の宝物なんだ。勉強が嫌いで中卒だったからこそ、早く社会に出られたし、納税日本一にもなれたんだって。

みっちゃん先生　この思考の転換ができる人とできない人とで、世の中は二分されますよね。つまり、成功できる人と、そうじゃない人に分かれる。

一人さん　そういうことだよね。で、「自分褒め」で個性を宝物に変えられる人は、ほかの人のこともゆるせるし、「この人の個性を、どう活かせばもっと輝くかな？」なんて考えてあげることもできるんだよ。

そうすると、あなたのおかげで人生が変わったと喜んでもらえる。**あなたが自分褒めをすることで、周りの人まで幸せにすることができるんだ。**最高だよね。

英語を話せない人は、英語塾を開くことなんてできません。自分褒めもそれと同じこと。まず自分褒めができなきゃ、人を幸せになんてできないんだ。

迷ったときは「楽しい道」を選ぶといいよ

みっちゃん先生　迷ったときはつい「どちらが自分にトクだろう？」「将来役に立つのはどれかな？」なんて視点で考えがちですが、一人さんは、

「迷ったときは、楽しい道を選ぶといいよ」

という考え方です。

迷ったら楽しい方へ行きな。楽しい道を選べば、まず間違いないからって背中を押してくれる。ウキウキする道、胸がときめく方へ行けばいいよって言われると、気楽に前に進めます。

一人さん　一人さんにしてみたら当たり前の話なんだけど、このことを知らない人がまだまだたくさんいるよね。

選択を迫られたときに損得で考えるから緊張するし、怖くもなるの。だけど「楽しい方へ行きな」って言われたら、安心して一歩足を踏み出せるんだよ。

で、楽しい方、おもしろい方へ進めば、肩にヘンに力も入らないから実力が出せる。結果的に成功する確率も高いの。楽しいし成功するって、こんなおトクな道はないよ。

人生とは、一瞬一瞬で楽しい道を選べるかどうかです。日常の選択は些細《ささい》なことばかりかもしれない。でもね、そこで生まれる微差が積み重なると、長い目で見たときに全然違ってきちゃうんだ。

微差のような一瞬一瞬が、いずれ大差を生むよ。

みっちゃん先生　一人さんはよくドライブ中に、その訓練をしてくれましたね。目の前に分かれ道が出てきたら、すかさず「ハイ、どっちへ行くのかい？」って聞いてくる（笑）。

私がモゴモゴ答えられないでいると、一人さんが言うんです。

「どっちに行けばいいか迷ったら、きれいな道、楽しそうな道を選べばいいんだよ」

同じような道でも、お花が咲いていたり、なんとなく気持ちがいい道だったり、その反対に薄暗くて嫌な気分になったり……何かしら直感で感じるものがある。そのなかで、きれいな方、楽しい方を選ぶといいよって。

そうやって、だんだんと一人さんの「ハイ、どっち？」の質問に「右です！」「左です！」って答えられるようになって。楽しく鍛えられたなぁ（笑）。

一人さん　楽しそうな道へ進んでうまくいかなくてもいいんだよ。そのときは、またそこで楽しい道を選び直せばいいだけ。

みっちゃん先生　改善、改良は、いつでも何度でもできますからね！

逆ハンデは「実力があるよ」という神様のお墨つき

みっちゃん先生　お金持ちの家に生まれた人がいると、「苦労せずにお金が得られてずるい」「なぜあの人だけ？」みたいな見方をする人もいると思うんです。

だけど一人さんの教えを学んでいくと、悪い考え方はしなくなります。なにしろ、一人さん自身がこう言うのですから。

「俺は、逆ハンデがあった方がトクだと思うけどな」

一人さん　たとえば、今、あなたが「両親は兄にばかり甘く、いつも自分が損をしている気がする」ということで悩んでいるとします。自分が不利だって言うんだけど、一人さん的には、それを逆ハンデと思っていい方に捉えたらいいのになぁって思うわけ。

ふつうの人は、自分より相手の方が有利な状況だと、相手にハンデを与えたようで悔しがるよね。また、ハンデをもらった方も、トクしたように感じる。

だけどハンデをもらうって、そうじゃなきゃ勝てないってことでしょ？　だとしたら、俺は逆ハンデを選ぶよ。だって、逆ハンデは、神様から「あなたは人にハンデをあげても勝てるだけの実力があるよ」って認められたのと同じだと思うから。

みっちゃん先生　まさに、いつも一人さんが言っている**「なんでも自分がトクするように考えるんだよ」**という教えの通りですね。どんなに不利な状況でも、自分が楽しくなる考え方ができるというい見本です。

一人さん　もしあなたの親御さんがほかの兄弟ばかりかわいがるのなら、あなたは自分が人をかわいがればいい。かわいがられるのではなく、かわいがる側の人生なんだよね。

　その環境は、「あなたは人にかわいがられなくても成功するよ。あなたは、人をかわいがることで幸せになるよ」っていう神様からのメッセージなの。あなたより弱い立場の人はいくらでもいるから、そういう人に優しくして、うんといたわってあげるといいよ。

　そうすることで、あなたは運が開けるの。人をかわいがることで実力が開花し、あなたにしか歩めない最高の人生になる。

　しかも、人をかわいがれるあなたは、かわいがられながら生きるよりうんと幸せになります。だって、人をかわいがるのとかわいがられるのとでは、かわいがる人の方が魂レベルは上だからね。

　自信を持って生きてください。

すべては自分の器で対応できる試練です

みっちゃん先生　神的に考えると、問題が起きるのは、それだけ自分の器が大きいということですよね。
その問題は、決して自分を困らせるためのものではない。必ず自分で解決できることだし、解決する過程で魂が成長するよって。

一人さん　俺たちは、あの世にいるときに今世どんな試練で学びを得るか、自分で決めてくるんだよね。神様と一緒に考えてくる。
生まれる前に自分で決めてきたシナリオだから、それを自分で解決できないなんてことはない。自分の器で対応できる問題しか持ってきていないんだ。

みっちゃん先生　という話をすると、「解決できるはずのことが、どうしてできないんだろう」って自分を責めたり、「失敗ばかりで、やっぱり自分はダメなのかな」なんて悲観したりする人がいますが……。

一人さん　そんなに自分を責めたって、いいことなんてないよ。ますます重くなっちゃうだけだから、とにかく自分を追い込むことはしないこと。それが大前提だね。

それからもう一つ。問題が起きると、いちいち「この出来事が起きた原因はああでこうで……」ってやたら因果に注目する人がいるけど、それも要らないよ。

原因よりも、起きた問題をどう解決するか、解決するなかで何を学ぶか。大事なのはそこなんです。

みっちゃん先生　そうですよね。難しく考えると、かえって大事なことに気づけなくなる可能性がある。だからとにかく軽く考えなきゃいけません。

人はいつも、そのときの自分が考えられる最高の決断をします。たとえその決断でうまくいかなくても、そこから次につながる学びを得ながら生きている。失敗したとしても、「ダメだということがわかった」という意味では成功なんですよね。

それに神様はいつも、ちょうどいい塩梅《あんばい》で、必要なときに必要な気づきをくれます。

そう考えて、あまり先のことは心配せず、目の前のことに集中ですよ。肩の力を抜いていきましょう！

気分が沈んだら自分でサッとお祓いするんだ

一人さん　いいことを教えますね。もし、どうしても気楽になれないとか、気持ちが沈んでどんよりしたときは、自分で祓《はら》っちゃえばいいんです。「あ、笑顔が消えてる」と思ったら、**自分で肩や腕をサッサッと祓うことで穢《けが》れが落ちちゃうの。**

というか、お祓いしようと思った瞬間に、もう穢れは落ちてるんだよね。

魂にくっついた穢れ――つまりネガティブな感情は、「暗い気持ちは払い落とそう」と思った瞬間に、ポロッとはがれ落ちるから。簡単なの。

みっちゃん先生　明るい気持ちでいたいと思いさえすればすぐにそうなれるけど、長年、ネガティブ思考で生きてきちゃった人は、急には難しい。そういう場合は、お祓いがスイッチを入れるきっかけになるし、気持ちがリセットされやすくなりますね。

やってみるとわかりますが、肩や腕を祓うと、本当に悪いものが落ちたような気がして気持ちいいんです。

そういえば、子どもが転んだりすると、お母さんが「痛いの、痛いの、飛んでいけ〜!」って言ってくれますね。あれ不思議なのですが、お母さんのひと言で、本当に痛みが飛んでっちゃう気がしませんか?

一人さんが教えてくれたお祓いも、それと似ていますよね。

一人さん なんでもないことだけど、お母さんの言葉やお祓いって、やっぱり効果があるんだよね。
お祓いって言うと神社で神様に祓ってもらうものだと思うかもしれない。もちろん、神社へ行けば神様が祓ってくれるけど、神社へ行かなくても、自分で自分の魂を祓うことはできるんだ。

そもそも、俺たちは神様から分《わ》け御霊《みたま》をいただいて生まれてきたから、自分のなかにも神様がいる。自分自身が神様なの。ということは、自分でお祓いするのだって、神様のお祓いと同じだよね。

大声の「天国言葉」で自然に笑顔になれるよ

みっちゃん先生　なんだかテンション上がらないな～っていうときは、圧を上げるのも効果アリですよね。私はこう見えて、車のなかでひとりになったりすると、大きい声で「感謝してま～す!」「うれしい～」「ツイてる～!」って叫びます（笑）。昔は特に、自分に自信が持てなかったから、しょっちゅう大声を出していたなぁ（笑）。

大声を出すと、スカッとして本当に気持ちがいい。すごく元気になります。ちょっとくらい落ち込んでいても、簡単にパワーチャージされるんです。

一人さん　落ち込んだときって、ようは弱ってるんだよね。エネルギーを取られて、圧が抜けているの。気合いが足りないっていうか。

そういうときには、大声を出すと活力が戻ってくるんです。なかでも、次元の高い波動を持った「天国言葉」（※）を大きい声で叫ぶと、ものすごく圧が上がるよね。で、**成功したかったらいつでも圧を上げてなきゃいけない。**元気がなきゃ成功も何もないからね。

もし、周りに人がいて大声が出せないときは、小声で「圧圧圧……」とつぶやくだけでもいいの。

さっきのお祓いと同じで、あなたの気持ちが圧を上げるからね。

みっちゃん先生　あとは、キラキラしたアクセサリーを身につけたり、きれいな洋服を着たり、好きなブランドのバッグを持ったりするのも元気につながります。一人さんの言う「押し出し（最高の自分を押し出すこと）」ですが、まさに、圧も魅力も押し出すっていうイメージ。

という意味では、私にとっての最高の押し出しは、やっぱり一人さんだなぁ。その昔、同窓会の日に忙しくてドレスアップする暇がなく、バタバタとふだん着のまま駆けつけてしまったことがありました。もちろん同窓会は楽しかったけれど、私としては、おしゃれができず、ちょっと残念な気持ちで会場を後にしたんです。

ところが……会場を出ると、なんとそこにはスーツでビシッとキメた一人さんが待っていた！　ミンクブルーのロールスロイスで、私を迎えにきてくれたんです。あんなにうれしいサプライズはなかったなぁ……今、振り返っても、幸せな気持ちで胸がいっぱいになるすてきな思い出です♡

（※）自分も周りも明るく楽しい気持ちになれる言葉。「愛してます」「ついてる」「うれしい」「楽しい」「感謝してます」「幸せ」「ありがとう」「ゆるします」など。その反対に、自分も人も不幸にする、暗く重い感情がつまっているのが「地獄言葉」。「恐れている」「ツイてない」「不平不満」「愚痴」「泣きごと」「悪口」「文句」「心配事」「ゆるせない」など。

細かいことは気にしない。気楽に生きな

一人さん　ちょっとしたことで落ち込む人ってね、あれこれ考えすぎなんです。ああでもない、こうでもないって考えすぎるから、結局、最後は自分を責めちゃうの。

人生というのは、もっと気楽に生きなきゃダメなんです。楽しく、軽〜い気持ちで毎日笑うこと。

簡単に見えて、ものすごく難しい。でもね、これができたらもう神様の域だよ。気楽に笑って生きるって、それくらい大事なことなんです。

じゃあ、どうすれば重く考えずにすむか。まずは、細かいことをいちいち気にしない。

多くの人は、自分に対して100点を求めすぎなの。だけど俺に言わせると、**人間なんて60点くらいでちょうどいい**んです。

みっちゃん先生　一人さんはいつも、「仕事でもなんでも、6割の力が出せたらじゅうぶんだよ」って言いますよね。むしろそれくらいの力で臨んだ方が、何事もうまくいくよって。

人間は全力で走り続けることなんてできません。その点、6割くらいの力で走ると心にも体にもゆとりが持てて、長く走り続けることができるんですよね。

もちろん、6割の力で生きていれば、やり残しやカバーしきれないことは出てきます。でも、それでいいんだって自分をゆるすことも大事ですね。

一人さん　そうだよ。ある人が、「地獄言葉を使わないように気をつけているのに、うっかり口にしてしまうことがあります」って悩んでいたの。あのさ、そんなの60点もできてたらいいじゃないかって思うわけ。

60点って少ないように感じるかもしれないけど、真面目な人は60点でいいと言われたって、もっと上を目指しちゃうんだよね。だから、半分以上できたら立派だと思うくらいでちょうどいいの。

気楽に考えたらいい。あんまり真面目すぎても、魂は成長しないからね。

みっちゃん先生　昔の私は、アルバイト先でコーヒーを入れようとすればお水をこぼす、コピー1枚ですら間違えるような頼りない従業員で、しょっちゅう上司に叱られていました。でも、落ち込む私に一人さんが、「半分以上の仕事ができてるんだから、大したものだよ。それに失敗だって、どれも無駄な経験じゃないからね」って。

一人さんは、いつも優しい言葉でみんなの肩の荷を下ろしてくれますよね。

一人さん　俺が人の肩の荷を下ろしてあげられるのは、**自分が最高に気楽に生きているから**なんだ。

一人さんには悩みなんてないし、苦労もしたことがない。我慢もない。好きな仕事をして毎日楽しく生きているから、ちょっとでも困ってる人がいたら気になってしょうがないんです。少しでも肩の荷を下ろしてあげたら、生きるのが楽になるんじゃないかなっていう思いで、いろんな人の相談に乗っているんだよ。

でもね、実はこうやって人の幸せに協力すると、なぜだか道が開けて運勢がよくなるから、一人さんにとってもオトクなの。

神様は、みんなに幸せになって欲しいと思っているんだよね。人が幸せになるためのお手伝いをする人がいると、神様はうれしくなる。だから、ご褒美をいっぱいくれるんだと思うよ。

自分で言っちゃうけど……一人さんってかなりモテるんです（笑）。それもきっと、神様からのご褒美だね（笑）。

第2章

考え方一つで仕事はうまくいく

どんな仕事も人助けになっているんだ

みっちゃん先生　私は昔、就職活動で30回くらい落ち続けたことがあります。知人のコネをもらうこともありましたが、それでも合格できず、面接を受けるのが怖くなってしまったんです。いつしか、面接ではわざと「就職してもすぐ結婚したいです」なんて口走るようになり、自分でもどうしたらいいかわからなくなってしまいました。

そんな私を救ってくれたのも、一人さんの「気にすることないぞ」「縁のない会社に入っても楽しくないし、苦労するだけだよ」「そのうち、みっちゃんを大事にしてくれる会社に合格するからだいじょうぶ」という励ましでした。

あのとき、一人さんはこんなことも教えてくれましたね。

「どんな仕事でもすばらしいよ。自分で働いて収入を得るって、尊いことだからね」

仕事を選ぶときって、つい人目を気にしたり見栄を張ったりしがちですけど、それだと苦しくなる。どんな仕事を選んでも同じように尊いんだから、**自分が好きかどうか、楽しいかどうかで決めな**って。

一人さん　「職業に貴賤《きせん》なし」という言葉もあるように、自分で働いて食べていけるんだったら、それ以上に立派なことはないんだよね。総理大臣だろうが大工さんだろうが、どんな仕事もすばらしい。俺は本気でそう思っているんです。

一人さんは、蕎麦《そば》を植えたことも育てたこともない。それなのに、お店へ行くとおいしい蕎麦を食べることができるの。蕎麦を作ってくれる人がいるから、いつでも好きなだけ蕎麦が食べられるんだよね。

ダムや浄水場で働いてくれる人がいるおかげで、俺たちは、蛇口をひねるだけでいつでも衛生的な水を飲むことができる。

みっちゃん先生　どんな仕事も人助けになっているし、みんなが助け合って生きている。自分が働くことで、ありがたいって感謝してくれる人がたくさんいますね。

自分が人の役に立っていると思うと、すごく自分の仕事を誇らしく思えます。

一人さん 誇りに思っていいんだよ、仕事は神的なことだからね。どんな仕事でも、プライドを持ってやりな。

でね、そういう大前提でいるから、一人さんは納税日本一になろうがどうなろうが、いばったことはないんです。納税日本一だから偉いとか、収入が多いから人より上だとか、そんなわけないからね。

仕事はどれもすばらしいし、自分で働いて暮らしている人は、みんな尊い。この本を読んでくれているみんなも、みっちゃんも、俺も、みんな同じようにすごいんだ。

そのことがわかったら、仕事はうんと楽しくなりますよ。

安くすることだけがお客さんのためじゃないよ

みっちゃん先生　いろんな人の話を聞いていると、お金持ちにはなりたいのに、人からお金を受け取ることに抵抗のある人が多いような気がします。

たとえば、自分でお店を開くときにありがちなのが、「お客さんのためにできるだけ安くしたいという気持ちと、利益を大きく出したい気持ちの間で揺れ、適正価格がわかりません」というお悩みです。

一人さん　お店を繁盛させたいとなったとき、みんなすぐ値段を安くしようと考えるの。でもそれって安易な考えだし、結果的にはお客さんのためにならないんです。

当たり前だけど、安くしちゃうと利益が小さくなるよね。そうすると、お店が古くなっても修繕費が出せないの。利益が出ない仕事は人気もなくなるから、後継者だっていなくなります。

儲《もう》からないお店は、遅かれ早かれつぶれちゃうよね。お店がつぶれたら、お客さんは行く場所がなくなって困るの。これではお客さんのためにならないよね。

帝国ホテルでコーヒーを飲もうと思ったら、1000円出しても足りません。ふつうに考えたら、ものすごく高いコーヒーだよね。コンビニで買えば100円なのに、その10倍も20倍もするんです。

だからといって、帝国ホテルがコーヒーを1杯500円にしたら、ホテルの経営が成り立たなくなるんだよ。それで帝国ホテルが潰れたら、困る人がいっぱいいる。

商売をするときには、そういうことまで考えて、きちんと経営が成り立つような適正価格をつけなきゃダメなんだ。

みっちゃん先生　コーヒー1杯に1000円以上出すとしても、それに見合うサービスやブランド力があればいいですよね。そうすれば、お客さんは大納得でお金を出してくれるから。

一人さんの言葉に、「**お金はお客様からの拍手と同じだよ。**だから、お客さんに喜んでもらったときは、遠慮なくお金を受け取っていいんだ」というのがあります。

すばらしい音楽を聞いたら、スタンディングオベーションで拍手喝采を贈ります。それと同じで、最高の商品やサービスを提供して拍手（お金）をいただいたら、喜んで受け取ればいい。拍手は結構ですって言う方が、お客さんに失礼ですよね。

一人さん　たくさん受け取るのは申し訳ないからって、少ないお金しか受け取らないのは、ある意味、お金に対するマナー違反なの。

お客さんが喜んで出してくれるお金は、それだけの価値があるということ。笑顔で堂々と受け取ればいいんです。そういうお金で豊かになるって最高だよ。

日本ではテレビドラマなどの影響があるのかもしれないけど、お金への偏見というか、「お金を欲しがるのは恥ずかしいこと」という間違った先入観を持っている人をよく見かけます。

でも、お金がないと、大切な人が困っていても助けることができないでしょ？

みっちゃん先生　そうですよね。お金があれば、仲間と楽しくおいしいものを食べることもできます。たくさんお金を稼いで税金を払えば、みんなの役に立つ道路や橋ができたり、治安が守られたり、災害のときに助けてもらえたり、いいことがたくさんある。

日本は公衆トイレも清潔で使いやすいし、これほど環境の整った国は、ほかにないと思います。それは、みんながしっかりお金を稼いで、ちゃんと税金を払っているおかげなんですよね。

お金は、神様からいただくご褒美。受け取ることに罪悪感を抱く必要はないんです。

成功の近道は並み以上に知恵を絞ること

みっちゃん先生　一人さんはいつも、「俺はハンデをもらってまで勝とうとは思わないよ」って言いますよね。
第1章で、逆ハンデがあった方がトクだよと教えていただきましたが、それと同じ意味でしょうか？

一人さん　基本的には同じなの。たとえばお店やなんかを出すときには、よく「競争相手のいないところ、少ないところを選んで勝負しろ」と言われます。楽に勝つことを前提にしているわけだけど、そもそも商売っていうのは競争あってのもの。どうしたって競争を避けては通れません。

最初は自分のお店しかなくても、繁盛してくれば必ず周りに同じような店ができます。そんなことは当たり前の話として考えなきゃダメなんです。中華街みたく、中華料理のお店が何軒も集まったって、それぞれが勝てる方法を考えなきゃいけないの。

負ける可能性があることを前提に、仕事をしなきゃいけない。

そうすると、最初から「負けないためにはどうしたらいいだろうか」って算段するでしょ？　負けたときのことを想定して、いろんな可能性を探るよね。

人は、失敗したときに「これじゃダメだった。じゃあ、次はこうしよう」という産物を得るの。負けたことによって、次の攻略が生まれる。

ただ、商売の場合は負けてはじめてわかるようじゃ遅いんです。借金を背負ってから次の手を考えるのでは遅いよね。

みっちゃん先生　だから、あらかじめ負けたときのことを想定し、失敗しないように手を打っておくわけですね。

一人さん　そういうことだよ。で、そのためには逆ハンデがあった方がトクなの。なぜですかって、最初から不利な立場だと、ふつうよりがんばらなきゃいけないと思って知恵を絞り出すからです。

最初に、並み以上の知恵を出しておく。そうすれば、当たり前だけど失敗しにくいよね。実は、これが成功の近道なんだ。

そういう考え方が当たり前にできる商人になれば、次も成功、その次も成功……って、延々と成功が続いちゃうよ。

でね、脳というのは、10の力を出そうが、100の力を出そうが、疲労度はそう違いません。体は、レンガを10個運ぶのと、100個運ぶのとでは、疲労度が全然違う。でも知恵は、10個出そうが、100個出そうが、同じくらいしか疲れないんだよね。

そう思って、うんと知恵を出して不利な状況を楽しむといいですよ。

だけど仕事に競争なんてないんです

一人さん　商売は競争を避けて通れないとお伝えしたばかりだけど、今度は「仕事に競争なんてないよ」っていう真逆の話をしますね。

これはね、矛盾したことを言うわけではありません。人によって、状況によって必要なアドバイスって違うんだよ。100人いれば、100通りの回答があるの。

一人さんはいつも、「この人は、今こういう言葉を必要としているんだな」「こう言ってあげたら肩の荷を下ろせるかな」という感覚でしゃべるから、万人に当てはまる言葉じゃないんだよね。だから、この話も必要な人にだけ届けばいいし、部分的に自分に当てはまるのであれば、そこだけ取り入れてもらってもいい。みんなの自由に解釈してください。

では本題に入りますが、仕事に競争はないという言葉の意味は、簡単に言うところいうことです。

仕事の上での勝ち負けってね、たいていどちらかが勝手に落っこちることで、もう一方が勝ったように見えるだけなの。

みっちゃん先生　何もしなくても、競争相手が自然にいなくなるから勝ったように見えるだけということですか？

一人さん　そうだよ。競合他社って言うけど、仕事はスポーツみたく直接やっつけることはまずない。あったとしても、千に一つくらいです。

ほとんどの場合は、へんてこりんな経営で失敗した会社が、ひとりでに落っこちるだけなんだよね。そうすると、残った会社が「勝った」と言われるけど、別に勝ったわけじゃない。相手が勝手にいなくなっただけです。わかるかい？

みっちゃん先生　言われてみれば、その通りですね。会社を成長させていこうと思ったら、自分の会社のことを粛々と進めていくだけ。

お客さんに喜ばれる商品を作り、税金を払って世間に喜ばれ、自分も豊かになって楽しい会社にする。それに専念するだけですものね。

一人さん　**やるべきことをちゃんとしていたら、相手を打ち負かそうとしなくたって成長し続けられる。**相手も勝って、自分も勝つということだって可能なんだよね。どちらか一方しか勝ち残れないなんてことはない。

商売というのは、アイデア勝負です。どれだけ競合がいても、それぞれがすばらしい知恵を出してお客さんに喜んでもらえたら、全部の会社が勝てるんだよ。みんな成長できる。全員、豊かになれます。

だから、競合他社を打ち負かそうだなんて考えなくていいんだ。というか、そんなことを考えているようじゃ、かえって自分の方が落っこちるだろうね。

みっちゃん先生　勝負に勝たなきゃいけない場面があるとしたら、「どうすればリピーターさんを増やせるかな？」「どんなお店にしたら、お客さんに喜んでもらえるかな？」って仕事を楽しいゲームにして、そのゲームに勝つことだけですね。

一人さん　それこそがいちばんの勝負だよ。

それともう一つ。よそが下がったからといって、自分が上がるわけではないよ。自分で粛々と階段を上がった分は「上がった」と言えるけど、相手が下がったとかいなくなったからって、自動的に自分の地位が上がるわけじゃないんです。

ここを勘違いする人が多いんだけど、あなたが自力で上がってないんだとしたら、相手が下がろうがどうしようが、あなたの位置は変わりません。

あなたが上がるのは、正しいことを続けて階段を上がったときだけだよ。

活気が活気を呼んで商売繁盛するんだ

みっちゃん先生　一人さんは**「とにかく魅力をつけな」**と言いますが、それは、自分が魅力的になればなるほど、人もお金も集まってくるからですよね。成功は、自分磨きで魅力をつけることから始まるよって。

一人さん　お金は神的なものだから、神様が喜ぶことをしていると勝手に集まってきちゃうんだよね。魅力をつけるって、魂を磨くのと同じだから、魅力がつけばつくほど神様が喜んでくれます。だから、仕事でもなんでもうまくいってお金も集まるんだ。

芸能人だって、魅力的な人ほど人気が出てお金も集まる。そういうものなの。

それとね、魅力的な人はもちろんだけど、お店やなんかでも魅力的にすると人が集まるの。で、人が集まってくると活気が生まれる。活気という「気《き》」が満ちるんです。

活気のある場所に行くと、行った人は「気」がもらえて元気になる。そうするとまた行きたくなって、お店のリピーターがどんどん増えるの。

みっちゃん先生　お店って、ちょっと火がつくと勢いがついてどんどん繁盛するケースがありますけど、あれは活気が人を呼ぶんですね。

一人さん　繁盛して活気が出てきたお店は、その活気がまた人を呼ぶからさらに繁盛する。活気が人を呼び、その人がまた活気を生んでさらに人を呼ぶ。ものすごいプラスのエネルギーなんだ。

でね、おもしろいんだけど、ふつうの人だったら「なんかエネルギーを吸い取られそう」って敬遠されるような活気のないお店でも、なぜか平気な顔で楽しめちゃう人がいるんだよね。それはどういう人かというと、活気のないお店に活気をもたらす、「気」に満ちた人です。

自分自身が「気」でいっぱいだから、ほかの人やお店から「気」をもらう必要がない。それどころか、こういう人は自分の「気」でお店を繁盛させちゃったりするんだよ。

みっちゃん先生　あっ、それが魅力的な人ですね！

一人さん　その通りだよ。魅力的な人ってものすごい圧があるから、周りの弱った「気」に振り回されない。弱い「気」なんて、跳ね飛ばしちゃうんです。

よく「気前《きまえ》がいい」という言葉を聞くと思うけど、あれは元気の「気」、やる気の「気」、活気の「気」といった「気」を前に出すことを意味するの。気前のいい人は魅力的だと感じるでしょ？　それは、**魅力的な人には圧があって、「気」がじゃんじゃん前に出てる**からなんです。

だから俺は、いつもみんなに魅力をつけなって言うんだ。

魅力があればみんなが助けてくれるんです

みっちゃん先生　一人さんが食事に行ったりすると、どのお店でもすごく喜ばれます。「斎藤《さいとう》さんがお見えになると、お店が繁盛するんです」って。

不思議だなぁと思っていましたが、あれは、一人さんが「気」を残していくからかもしれませんね。「気」ってすごいなぁ……。

じゃあ、どうすれば一人さんみたいな魅力がつけられるかというと、いつも笑顔で優しくて、自分も人も楽しませていて、人の悪口なんか言わない人でしょうね。

一人さん　簡単に言うと、明るくて軽〜い人だよ。

で、**自分に魅力がついてきたかどうかは、ちょっと自分を観察したらすぐわかる**んです。たとえば、魅力のある人ってみんなが放っておかないの。

おなかを空かせていたら、おにぎりを持ってくる人がいる。寝不足で疲れていたら、栄養ドリンクを持ってくる人がいる。魅力的な人って、ちょっと「これが足りない」って言うだけで、誰かしらそれを持ってきてくれます。

仕事が終わらなくて困っていれば、手伝ってくれる人が出てくるんだよ。

そういうことが起き始めたら「自分もちょっと魅力が出てきたかな？」と思っていいし、今度はあなたの「気」でみんなを元気にしてあげな。

実は、みっちゃんがまさにそういう人なの。食堂でご飯を食べても、お代を払った後になぜか野菜だのお菓子だの、どっさりお土産をもらってくる（笑）。みっちゃんが全財産を失うことがあったとしても、何も困らないだろうね。あちこちから必要なものが届けられて、無職になってもふつうの人より豊かな生活ができるかもわかんない（笑）。

こういうのが魅力だよ。

みっちゃん先生　すっごくうれしい！　また自信がつきました！
ちなみに私は、一人さんの「知らないふりをする」という思いやりも、すごく魅力的だなぁって感じています。一人さんはほかの人の話を聞くとき、その内容がすでに自分の知っていることでも「いやぁ、勉強になりました」って言うんです。

そのわけを聞くと、「相手に花を持たせてあげた方がいいときってあるんだよ」って。

たまに、話に矛盾があると、相手が答えに窮するまで問い詰める人がいますけど、一人さんは絶対にそういうこともしません。いつも相手の気持ちを考えている。

そういう魅力にあふれた一人さんだからこそ、「一人さんが考えて作ったものだから買いたい」というファンがたくさん支えてくれるんだなぁって思います。

魅力の差は、仕事にも本当によく表れますね。

一人さん そうやって気づいてくれると、一人さんもうれしいよね。
あと、ちょっと魅力がついてくると、神様からのご褒美に驚いて、「自分だけ豊かになっていいのかな？」なんて悩みだす人がいるんだけど、そんなこと考えちゃダメだよ。

世の中には、いつの時代もお手本になる人が必要なんです。みんなから、「こういうふうになりたい」と思われる人間がいなきゃいけない。そのお手本に、あなたがなればいいんだよね。

みんながじゃんじゃん自分磨きをしたくなるような、すごいお手本になりな。**あなたが魅力をつけて豊かになることは、世のため人のためなんだ。**

社長が遊んでいる会社ほど従業員はよく働く

みっちゃん先生　自分ひとりで始めた事業が、軌道に乗ってきたとします。そうすると、いよいよ人を雇うことになりますが、人を採用するときにはどんなことにポイントを置けばいいでしょうか？

一人さん　これもやっぱり、その人に魅力があるかどうかを見たらいいよね。

もちろん能力があって性格もいい人なら100点だけど、少しくらい能力に不安があっても、その仕事に向いている人なら、後でいくらでもスキルアップできるの。だから、まずは魅力を重視したらいいんじゃないかな。と一人さんは思います。自分のところにはいい人材しかこないと思い込んでいれば、本当にいい人がきてくれるから心配ないよ。

みっちゃん先生　ときには、せっかく育てた従業員に辞められて、残念な思いをすることもあるのが経営者かもしれません。そういう場合は、どう考えたらいいですか？

一人さん　一人さんの会社では、従業員がほとんど辞めないんだよね。何十年も同じ人が勤めてくれていて、「こんないい会社は辞められません」と言ってくれるの。それくらい、居心地がいいんだって。

うちは、お給料が特別高いわけでもない。じゃあどういうところがいいんですかって、まず社長の一人さんが滅多に出社しないところだよね（笑）。年に2～3

回は会社に顔を出すけど、それ以外は旅に出かけたりして遊んでいるの（笑）。社長がいつも会社にいると、従業員って見張られているような気がしちゃうものなんです。居心地が悪くなる。

そんなことしなくたって、従業員に任せておけばちゃんと仕事してくれるんだよ。社長が魅力的だったら、放っておいても「この人のためにがんばろう」「社長についていこう」と思ってくれるから、辞める人もいないし、仕事もしっかりしてくれる。

だからこそ、一人さんは率先して遊ぶんです。自分が遊びで満たされていれば従業員に優しい気持ちになれるし、みんなにも楽しく仕事をして欲しいと思えるよね。

みっちゃん先生　一人さんの会社は、創業以来ずっと赤字ゼロで有名ですが、それは一人さんがいつも楽しく遊んできたことの賜物ですね。社長が遊んでいる会社ほど、従業員はよく働くものだなぁってよくわかりました。

一人さんは社員を信用して会社を任せ、自分は遊びながらすごい知恵を出す。その知恵をまた、社員たちがしっかり形にして会社を成長させる。こんなに理想的な会社はないですよね。

一人さん　会社は黒字を出し続けないと、従業員のお給料も払えなくなっちゃうからね。**黒字を出すのは社長の義務だし、そのために超一級の知恵を出さなきゃいけないのが社長**なんだ。

ただ、どんなにいい会社でも辞めていく人はいるの。人それぞれ事情があるから、これはしょうがない。そのときはご縁がなかったんだなと思えばいいし、また次にいい人がきてくれるからだいじょうぶですよ。

人を動かすとは自分を動かすこと

一人さん　一人さんのところにはよく、「やる気のない社員には、どう仕事を教えたら奮起するでしょうか？」みたいな質問もくるんだけど。

さっきからお伝えしているように、うちの会社にはやる気のある従業員しかいないし、ごくたまに新規で募集しても、やる気のない人が応募してきたことはありません。だから正直に言うと、俺はそういう社員に出会ったことがないんです。みっちゃんの会社もそうだけど、俺たちの周りには、やる気のない人がひとりもいないの。うちにきてくれる人はみんな一人さんのことを好きでいてくれて、仕事でもなんでも喜んでしてくれるからね。

俺にしてみれば、給料をもらいながらまともに仕事を教わろうともしない人がいること自体、ちょっと信じられないよね（笑）。そんな人にお目にかかったことがないから、むしろ、どういう人なのかいっぺん見てみたいくらいだよ（笑）。

みっちゃん先生　やる気がないのは、その会社に向いてないのかもしれませんね。あるいは、「やる気がないとどうなるか」ということを学んでいるのかしら？

いずれにしても、本人にやる気がないのではしょうがない（笑）。こうなったら、無理に教えることはしないで、できる人が全部してあげたらいいのではないでしょうか。

一人さんの言葉に**「人は変えられないよ。変えられるのは自分だけ」**というのがありますけど、人を変えようとするから、ますますうまくいかないってこともありますよね。

一人さん そうだね。やる気のない人をどうこうしようと思わず、自分がやる気を出してじゃんじゃんバリバリ働く方が早いと思います。そういうあなたの情熱を見て、やる気のない人が「かっこいいな、俺もあんなふうになりたい」って奮起するかもわかんないよね。

結局、これも魅力論です。社長でも従業員でも、かっこよければ周りはまねしてくれるし、この人のためにがんばろうって思ってくれるものだよ。

洋服でも髪型でも、かっこ悪いものをまねする人はいないでしょ？　相手があなたのまねをしてくれないんだとしたら、それは自分の輝きが足りないってこと。だったら、もっと魅力を磨けばいいよね。

人を動かすって、自分を動かすことなんだ。

ピンときたらすぐ行動。仕事はスピード命だよ

みっちゃん先生　今のお話にも通じると思うのですが、人のことをどうこう言う前に自分がサッと動く。それがいちばん早く結果が出る方法だし、効果的ですよね。

一人さん　なんでもスピード勝負です。特に仕事は、勢いのあるときにパッと動くことがすごく重要なの。ぼやぼやしていると、ほかの会社に追い抜かれることもあるしね。

鉄砲玉を見てごらん。あれは、「ピュッ！」と速く飛ぶから的に当たるのであって、ノロノロ飛んでるようじゃ、命中どころか途中で落っこちちゃうよ（笑）。

行動が遅いって、それだけで大損することだってあるんだ。

ピンときた瞬間に行動する。それくらいのスピード感で仕事してみな。間違いな

く、結果は変わってくるから。

みっちゃん先生　私は自分に自信のない時期が長かったのでよくわかるのですが、自信がないと、やっぱりなかなか行動に移せないんですよね……。だから、「行動グセが身につかなくて困っています」なんてお話を聞くと、「あぁ、わかるわかる！」って（笑）。

でも、いちばん大事なのは、「素早く行動できる自分になりたい」という気持ち。それがあるかないかで、未来は全然違ってくると思います。

かつてあんなに自信のなかった私でも、思いを変えて、一人さんの「できるよ」「だいじょうぶだよ」を信じて行動したら、本当に変われたのですから。

一人さん　今のみっちゃんは、しなきゃいけないことがあると、思いついた瞬間に動くよね。人に何か頼まれたときやなんかも、本当に行動が早いんだよ。

ふだんは穏やかで優しい雰囲気のみっちゃんが、行動するときは誰よりも素早いから、そのギャップにみんなびっくりしちゃうの（笑）。

みっちゃん先生　千手観音様《せんじゅかんのんさま》のごとく、あの手この手を軽いフットワークで次々に繰り出す。千の手を使って精進だ～って思っています（笑）。

一人さん　もちろん、したくないことを無理にする必要はない。でも、自分でやると決めたことなら、早くした方が絶対にいいよね。

会社やお店がうまくいかないと、みんなすぐ経営コンサルタントやなんかに助言を求めるんだよね。もちろんそれもいいけど、自分の仕事は自分がいちばんよくわかっているはずなの。その自分が出したアイデアすらパッと実行できないようでは、誰に何を聞いてもうまくいくはずがないんです。

いつも言うけど、**この地球は行動の星。行動することで願いがかなう星**です。

考えているだけじゃ理想の人生は手に入らないし、のんびりしてたらうまくいくこともいかないよ。

ありのままの自分を評価してもらえばいいよ

みっちゃん先生　自信のない人は、「実際の能力以上に自分をよく見せようとしなくていい」と思うこともお勧めです。

自分をよく見せたい気持ちはわかりますが（私も昔はそうでした！）、それって過剰評価を求めることになるので、長い目で見ると自分の首を絞めることになります。

実力以上の力を出そうとすると、どうしても「失敗したらどうしよう」という不安感が大きくなる。そうすると緊張して、言葉に詰まったり、パニックになったり……。結局、実力がバレちゃう（笑）。

そんな形で恥ずかしい思いをするくらいなら、最初からありのままの自分でいた方がいいですよね。その方がよっぽど気楽。

だから私はいつも、自分の理想の半分できたらいいやって思うようにしています。それくらいの基準だったら、ヘンに取り繕わずにいられそうだから。

一人さん　人からの評価を上げようとするのは、背伸びし続けなきゃいけない。そんなの苦しいだけだし、第一、背伸びなんてずっと続けられるわけがないよね。

みっちゃん先生　最初はうまくごまかせたとしても、そのうちボロが出そう……それも、盛大に失敗しちゃったりして（笑）。

そうなると、かえって評価を下げることにもなりかねませんね。

一人さん　だから無理はやめな。等身大のあなたを見てもらえばいい。**無理をやめたら気楽に仕事もできるから、虚勢を張るよりよっぽど結果も出るん**じゃないかな。と一人さんは思うよ。

ちなみに一人さんは、エッチな本が大好きだと公言していますが、たまに「そんなことを言ってると、一人さんの評価が下がりませんか？」なんて心配の声が届くの（笑）。

心配してくれるのはありがたい話だけど、一人さんは全然平気なんです。だって、エッチな本が好きなのは事実だから、別に俺の評価が下がるわけじゃない。そういうところも含めて斎藤一人っていう人間だから、正当な評価がもらえるだけなの。

評価を下げたくないからエッチな本は読みませんって言っちゃうと、今度は俺のストレスになる（笑）。そんなのごめんだよ（笑）。

楽しく無理せずおなかを空かせない

みっちゃん先生　仕事で成功したいと思うのであれば、絶対に欠かせないのが「栄養」だと思います。自分さんのためにいちばんがんばってくれている体なのですから、いたわってあげなきゃいけませんよね。

特に私は、食を通じて心も体も元気になった経験があります。

うつ病や拒食症でがりがりにやせてしまったときは、気力も体力もなく、家から一歩も出られない生活でした。そんな私を見た一人さんが、毎日のように焼肉屋さんやステーキ屋さんに連れて行ってくれましたね。

「みっちゃん、肉食いな、レバー食べな」って。

もちろん最初は、お肉どころか野菜すらまともに食べられません。それでも一人さんが辛抱強く、毎日誘ってくれるので、お店についていくうちに、「今日は1口だけ」「じゃあ、今日は2口……」って少しずつ食べられる量が増えて、気がついたらすっかり元気になっていた。

もう、ばんざ〜い、ばんざ〜いって大喜びでした！

おかげさまで、そこからは仕事もできるようになったし、運気まで開けていきました。

栄養が大事なことくらい、誰だってご存じでしょう。でもね、**みなさんが思う以上に栄養を摂《と》ることの意味は大きい。**私は、それを誰よりも痛感しているんです。

だからこそ、私はうちの会社のスタッフにも、毎日、声をかけます。

「楽しく、無理しないで、おなかを空かせないでね」

もちろん、これも一人さんから教わった言葉です。

一人さん　じゃんじゃんバリバリ肉を食べてるノイローゼの人なんて想像できないし、心に傷を負ったうつ病や拒食症の人が、レバーで精をつけてるイメージなんてないよね（笑）。

人間は波動の生き物だから、言ってることや行動に似合った状態になるものなの。毎日肉を食べてる人は、いかにも元気そうでしょ？　だから、肉を食べているうちに、それに似合うように元気になるんだよね。

みっちゃん先生　本当にその通りです。私は今も、仲間と一緒にご飯を食べに行くと、よくレバニラ炒《いた》めを食べますが、心も体もうんと元気になります！

一人さん　これは参考程度の話だけど、**闘争心を高めたいときは豚肉を食べるとい**

いよ。昔、ある人に聞いたんだけど、豚はイノシシの進化系だから、猪突猛進《ちょとつもうしん》ってことで勢いがつくんだって。行動的なエネルギーがある。

よく、受験生が試験前にゲン担ぎでトンカツやカツ丼を食べたりするけど、あれはあながち間違っていないの。仕事で重要な発表があるとか、受験の前やなんかには、闘争心を燃やして実力が発揮できるようにという意味でも、豚肉を食べるといいんです。

一方、牛は主食が牧草ということからもイメージがつくように、穏やかな草食動物なんだよね。だから、勝負ごとが終わって気持ちを落ち着かせたいとか、あせる気持ちを抑えたいときなんかには牛肉を食べるのがいい。

みっちゃん先生　そしてもちろん、野菜や魚などもバランスよく食べてくださいね。

一人さん　ちなみに……その昔、戦国武将の豊臣秀吉《とよとみひでよし》は、戦に出陣するときに「かち栗（栗の実を乾燥させて殻と渋皮を取り除いたもの）」を入れた袋を腰にぶら下げて、大事なときにおなかが空かないようにしていたんです。
おなかが空くと、何をするにも力が出ない。秀吉の空腹に対する気遣いを見ても、おなかを空かせないことの重要性がわかるよね。

みっちゃん先生 そうですね。「腹が減っては戦ができぬ」と言いますが、仕事はまさに戦も同然。自分助け、人助けの出陣ですから、おなかを空かせてちゃダメですよね。

いい仕事をしたければ、栄養満点の食事が欠かせません。体をいたわり、自分さんにしっかり実力を発揮させてあげてくださいね！

第3章

魂力を上げると最高の人生になる

「黄金の鎖」をつかめば毎日が楽しいんだ

みっちゃん先生　昔の私は、「あの人はすごいなぁ。それに比べて私は……」と言うのが口グセでした。自分と人を比べることが染みついていて、ことあるごとに自分の不出来を嘆いていたんです。

でも、そのたびに一人さんが言ってくれました。

「みっちゃんは、そのままで完璧だよ」

「みんな神様なの。みっちゃんも神様だからね」

私がどんなに自分のことを要領が悪いとか、どんくさいって否定しても、一人さんはいつだって褒めてくれました。

一人さん　みっちゃんに悪いところなんて一つもないの。要領が悪いって言うけど、それはじっくり物事に向き合える長所だしね。どんくさいわけではなく、慎重なだけ。もちろん、今はもうみっちゃんもそうやって自分を褒めているだろうけど。

誰にだって欠点はあります。でもね、そのダメなところがまたかわいいんだよ。**そのままで最高にすてきだし、そういうあなたがこの世に必要だから生まれてきたんです。**

みっちゃん先生　その一人さんの導きにより、今では私もすっかり自分褒めのエキスパートになれました（笑）。

「一人道《ひとりどう》」（一人さんの教え）に従って生きると、驚くほど明るい人生になるし、楽しい毎日になる。身をもって経験してきました。

一人さんは私たちに、幸運を呼び込む「黄金の鎖」を差し出してくれています。その鎖につかまってさえいれば、一人さんが進む正しい道に一緒に連れて行ってもらえます。私は絶対に、この鎖を放しません。

一人さん　みんなと一緒に人生の旅ができると楽しいからね。一人さんもうれしいよ。

みっちゃん先生　ただ、ときどきこんな質問があって。

「一人さんの黄金の鎖をしっかり握っているつもりなのに、なぜか悪いことばかり続きます。これは、ちゃんと鎖を握っていないということでしょうか？」

一人さん　まずお伝えしたいのは、一人さんの黄金の鎖をつかんでいたら、悪いことばかり起きるはずがないんだよね。つかんでいるような気でいるけど、ちゃんとつかめていないんだと思います。

じゃあ、一人さんの黄金の鎖をつかんでいるかどうかを確かめる方法はあるんですかって、もちろんあるよ。それはね、**毎日、楽しい気持ちで生きているかどうか**です。

毎日楽しければ、しっかり鎖を握っている証拠。楽しく生きている人は、何か問題が起きても明るく楽しい考えで解決できます。

それを、悪いことばかり起きると断言しているのは、その時点で楽しい気持ちじゃないってことがわかるよね。ようは、遊びが足りないんだ。

みっちゃん先生　なるほど、わかりやすいです！

でも、うっかり鎖から手を放してしまったとしても、気がついた瞬間にまた握り直すことはできますよね？

一人さん　もちろんだよ。一人さんと縁した人なら誰でも自由につかめるし、手放しちゃうことがあっても、いつでもつかみ直せます。

でね、ここで言う「一人さんと縁した人」というのは、一人さんと直接的なかかわりがなきゃいけないとか、そういう話じゃないんです。俺の本を読んでもらったりして一人さんと同じ方向へ歩いていれば、会ったことがない人でもみんな一人さんと縁のある人だよ。

人は毎朝、生まれ変わるんです

みっちゃん先生　生きていると、思い通りにならないことがありますよね。そんなときに思い出すのが、一人さんのこの言葉です。

「壁にぶつかってもいいんだよ。そこでどうしようかと考えることが、魂を成長させるからね。考えたら、考える前より成長する。それを繰り返すうちに、なんでも絶対うまくいくから安心して進みな」

思い出すだけで心が落ち着く、私にとって魔法の言葉です。

一人さん　俺たちの魂は、問題から学べることを知っているから、本当は思い通りにならない状況を求めているんだよね。魂的には、困ったことが起きると「成長のチャンスがきたぞ！」ってワクワクしちゃうの。
頭では失敗したくないと思うだろうけど、あなたの魂は失敗を求めているんです。魂は、もっと経験したがっている。失敗から学びたいんだよね。

だから失敗してもいい。むしろ、どんどん失敗しな。**失敗から学んで成長すれば、その失敗は成功に変わる**から。

失敗した自分を、「だいじょうぶ、だいじょうぶ」ってゆるすの。失敗して自分が嫌になっても、そう思ってしまう自分すらゆるしな。


みっちゃん先生　これまでずっと自分をゆるせなかった人は、少し時間がかかるかもしれません。でも、とにかくだまされたと思ってもいいから、「ゆるします」って自分に言い続けて欲しいですね。今はゆるせなくても、明日にはゆるせるかもしれないから。

1年後、5年後、10年後……もしかしたら来世になっちゃうかもしれないけど、「ゆるします」を言い続けていれば、必ずゆるせる日がきます。

でもね、案外早くゆるせる日がくるかもしれませんよ。何を隠そう、私もそうでしたから（笑）。

一人さん　人ってね、毎朝生まれ変われるんだよ。たとえば、たった1日でもいいから、悪口や愚痴を言わないとするじゃない？　その挑戦をしただけで、波動が全然違ってきちゃうの。悪口や愚痴を1日言わないだけで、翌朝からガラッと波動が変わって別の人生が始まる。

聞いたことがあるかもしれないけど、赤ちゃんが生まれるまでに「十月十日《とつきとおか》」かかると言われます。それを念頭に、「朝」という字を見てごらん。「十」「月」「十」「日」と書くでしょ？

みっちゃん先生　朝がくるたびに、十月十日経つのと同じ！　そういう意味ですね。

一人さん　そう、人は毎朝生まれ変わるよってことなの。でね、何もしなくたって毎朝生まれ変わるけど、ちょっと波動が変わることをすれば、それこそ大違いの人生に生まれ変われるんです。**明るい波動になれば、その波動にふさわしい、最高に**

明るい人生が始まる。

みっちゃん先生　どんなに難しい問題が出てきても、明るい波動で朝を迎えたら、きっと生まれ変わった自分が解決してくれますね！

そしてそういう自分だったら、ゆるすことも楽になるのではないでしょうか。

楽しく明るい考え方が強運を呼ぶんだ

みっちゃん先生　第2章の終わりで体の栄養についてご紹介しましたが、栄養が必要なのは体だけではありません。

心の栄養、魂の栄養も大事ですよね。

一人さん　心の栄養や魂の栄養というのは、要するに愛や優しさだよね。

具体的に言えば、悪口や愚痴をやめて天国言葉を使うこと。それと、楽しく明るい考え方をすること。自分も周りも愛と光でいっぱいになる「白光《はっこう》の誓い」(※)なんかも、心と魂にとっては最高の栄養になるよね。

こういうのは、神様にとってご馳走《ちそう》です。そして、神様にご馳走を差し上げるのは「神ごと」。

神ごとに勤《いそ》しめば、神様に好かれたり守られたりするのは当たり前なの。

みっちゃん先生　だから強運になるわけですね。

体を元気にしたかったら、栄養バランスの取れた食事や、サプリメントでサポートする。神様に喜ばれる言葉や行動で心と魂に栄養補給すれば、豊かな人生になる。

一人さん　たったそれだけなのに、やってない人がたくさんいるんだよ。だから、みんな人生に不満を抱えることになっちゃうんだと思います。

その点、一人さんなんて毎日ご馳走漬けだよ(笑)。体にも、心にも魂にもご褒美をあげまくってるの。

そんな一人さんがどんな人生を歩んでいるかを見てもらえたら、このシンプルな習慣がどれほど意味を持っているかわかるんじゃないかな。

（※）一人さんのお弟子さんたちが、最初に教わった誓いの言葉。

白光の誓い

自分を愛して
他人を愛します
優しさと笑顔をたやさず
人の悪口は決していいません
長所をほめるように努めます

高価なものだけがご褒美ってわけじゃないよ

一人さん　仲間と一緒に栄養満点のおいしいものを食べて、旅に出かけていい景色を見る。1秒たりとも、自分をがっかりさせない。誰よりも自分の機嫌を取って、笑いながら生きる。それが一人さんの毎日です。

何も特別なことをしているわけじゃないよ。

おいしいものを食べていると言うと、高級なものだと思われるかもしれないけど、俺が食べるものって、たいてい安いんです（笑）。一人さんが好きなのは、永谷園《ながたにえん》の海苔茶漬《のりちゃづ》けや盛り蕎麦《そば》、あとイカ焼きなんだけど、どういうわけかどれも安い（笑）。

みっちゃん先生　一人さんは、回転ずしなんかも大好きですよね。「注文したらサッと出てきてすぐ食べられるし、ネタが適度に薄くておいしい」って（笑）。

一人さん　マグロのなかでも、いちばん好きなのは赤身だし。ふつうの人と同じか、もしかしたらそれより安いものばかり食べています（笑）。

もちろん、ケチッているわけじゃないよ。自分のいちばん食べたいものを選んだら、なぜか安いってだけ（笑）。俺のなかでは、すごく贅沢なんだ。

一人さん的には、好きな人たちと一緒に好きなものを食べて、好きなところへ行って、好きなことをしているから、いつだって最高に幸せなんです。

毎日、それこそ山盛りのご褒美を自分にあげている。

みっちゃん先生　実は私も、いちばんの好物は……紅ショウガがとイカの入った「切りイカもんじゃ」です。お店によりますが、たいてい数百円で食べられるご馳走（笑）。あぁ、思い出しただけで幸せな気持ちになる〜♡

ありがたいことに、私は一人さんに驚くほど豊かにしていただきましたが、そのことで食べ物の好みが変わることはありませんでした。お金がなかった頃も今も同じ、切りイカもんじゃが大好物（笑）。

お金はあった方がいいですが、お金をかけさえすれば幸せになれるわけじゃない。好きなことができるからこそ贅沢なんですね。

一人さん　毎日、自分の好きなように生きる。それ以上の贅沢ってないんだ。

世界は「魅力合戦」という戦国時代になった

みっちゃん先生　以前、一人さんが「これから世界は、戦国時代のようになるね」と言っていたのが印象に残っています。戦国時代と言うと戦争を想起するかもしれませんが、そうではなく、いい意味での戦いが始まるよっていう意味ですよね？

一人さん　もちろん、戦争や人殺しが始まるわけじゃないので安心してください。あれはね、こういう意味なんです。

世の中は、時代の流れとともにどんどんよくなる。それが宇宙の法則です。じゃあこれからどんなふうに世界が発展していくのかというと、個性的な人間がいっぱい出てきて、それぞれが戦国時代みたく魅力合戦をするの。

21世紀は個の時代、ひとりひとりが自由に輝くことで幸せを追う時代です。そのなかで**おのおのの魅力を磨いて競い合い、個性を開花させるすばらしい時代がくるんだ。**

みっちゃん先生　私たちは人それぞれ、顔も声も、考え方も人生もぜんぶ違います。同じ人は絶対にいません。つまり、人の数だけ魅力があるということですよね。人の数どころか、ひとりの人間がいくつも魅力的な面を持っているから、世の中って本来、魅力でいっぱいのはず。

それが、いよいよ際立ってくる時代になったんですね！

一人さん　まさに、神様が望む世界になるんだ。

今までは、個性というそれぞれの違いを欠点と捉えて、「だから私はダメなんだ」って自分否定の材料にしちゃう人が多かったんです。

たとえば、あなたが朝寝坊ばかりして、遅刻の常習犯だとする。これまでの世界では、朝寝坊も遅刻もゆるされなかったから、それはただの欠点にすぎなかったたんだよ。

だけど一人さんは、そんなの欠点だと思わないよ。遅く始まるとか、朝寝坊してもだいじょうぶな職を探せばいい。朝寝坊も、あなたに必要な個性なの。何か意味があるから、神様はあなたにその個性をつけてくれたんです。そんな大切な個性なのに、どうして自分を否定する材料にするんだい？　なぜ直そうとするの？

俺だったら、絶対に直さないよ。というか、それを活かすことを考えるね。

神様がつけてくれたことに、間違いがあるわけない。既に多くの人がそのことに気づいているけど、これからもっと広まるよ。

みっちゃん先生　魅力合戦が始まると、みんなが自分の個性を活かして輝きだす。ひとりひとりが愛と光を放ち、想像もつかないくらい、この世はキラキラ楽しい世界になるだろうなぁ……考えただけでワクワクしますね！

自分らしさなんかより今、全力で幸せになりな

みっちゃん先生　自分の個性――つまり、自分らしさを活かして魅力を磨くという話になると、「いちばん自分らしいのはどういうところだろう?」と悩む人もいるようですね。

一人さん　そうだなぁ……一人さんは自分らしさなんて探したことがないから難しい質問だけど、強いて言えば、あなたの好きなことをしてみる。それから、嫌なことをやめてみることかな。そのなかで見えてくるものがあるかもしれない。

ただ、無理にわかろう、知ろうとしなくても、**魂が成長してくればおのずと自分が輝いてきます。**そうすると「こういうのがいちばん私らしい」って見えてくるんじゃないかな。

みっちゃん先生　私もそう思います。あと、少し考え方を変えてみると、そもそも私たちは、生きていること自体が既に自分らしいというか。
だって、自分と同じ生き方をしている人はいないでしょう？

一人さん　みっちゃんの存在自体がみっちゃんらしさ。一人さん自体が一人さんらしさ。確かに、言えてるね。
すごくいい考え方だと思うけど、それ以上にすばらしいのは、みっちゃんが軽やかに答えを出したところです。難しく考えず、気楽にサラッと出した答えだからこそ、これほど核心をついているんだと思うよ。
ものごとは、重く考えちゃいけないんです。なんでも軽く考えること。軽く考えてもわからないことは、今は考える必要がないってことだよ。それくらいのつもりでいい。

みっちゃん先生　軽く考えるにはやっぱり、今、ここで幸せじゃなきゃいけませんね。あれこれ難しく考えてしまう人は、余裕がなくて苦しいからだと思うから……。

一人さん　そういうこと。はっきり言って、自分らしさを探すよりも、今、幸せになることに全力を傾けた方がいいね。つまり、もっと遊びなってこと。**あれこれ頭で考える暇があったら、じゃんじゃん遊びな。**そうすれば楽しくなって余計なことは考えなくなるし、人生が潤ってくるから。

ちなみに、これは笑い話なんだけど。人生がつまらないのは、つまらないことばかり考えているからです。つまり、つまらないことばかり考えているあなたがつまらなくなるのって、かなり自分らしく生きていることになるよね（笑）。

つまらない人生が嫌なら、そろそろつまらないことを考えるのはよしたらいいよ。

「私はブスだから」と言うその心が問題だよね

みっちゃん先生　ときどき、「私はブスだから……」って言う人を見かけるのですが、そういう言葉を聞くとすごく胸が痛みます。あなただってすてきなのにって。自分のことをブスだなんて、その人のなかにいる神様が泣いているんじゃないかしら。

一人さん　みっちゃんは優しいよね。本当にその通りで、自分をブスだのブサイクだの言ってると、自分のなかにいる神様をものすごく傷つけることになります。

あなたのところにきたせいでこんなに虐げられて、神様がかわいそうだよ。どうしてもっと自分をかわいがってあげられないんだろうって思うよね。

というか、そんなにブス扱いするから、余計にブスになるの。きれいになりたいんだったら、ブス扱いしてる場合じゃない。人一倍、自分をかわいがるべきだよ。

1日に何回でも、自分を褒めて褒めて褒めまくりな。美人だね、かわいいねって褒め続けていれば、本当にかわいくなるから。

自分を褒めていれば、他人の意地悪な評価にだって振り回されなくなるしね。

みっちゃん先生　私も昔は、自分をかわいいだなんて思えませんでしたけど、これも練習で、自分褒めをしていると本当にそう思えるようになるんですよね。自分を褒めたら、褒めた分、自分のことが好きになるし、かわいく見えてくるから不思議(笑)。

もっと驚いたのは、周りの人たちからも、「みっちゃん先生はかわいいですね」「可憐であこがれます」なんて言ってもらえるようになったんですよ。もうびっくり！

一人さん　**自分褒めって、ものすごい効果があるの。**みんなが思っている以上に威力がある。だから絶対やった方がいい。

でね、ちょっと褒める程度じゃダメなんです。徹底的に褒めるんだよ。

それでいろんな人を見ていると、「やってる、やってる」と言いながら、全然やってない人がいるの。ろくに自分を褒めもしないで、相も変わらず「私はブスで」とかって言ってる。

あのね、本当に自分褒めをしまくってる人だったら、自分にブスだなんて言葉はまず言えないはずなんです。言っちゃ悪いけど、その顔よりも「自分はブスだから」と言ってる心の方がよっぽど問題だと思いますよ（笑）。

世の中のモテる人ってね、美人とかイケメンだから人気があるわけじゃない。中身がすてきだからモテるの。いくら見た目がきれいでも、魅力がなかったら誰にも相手にされないよ。

自分をブスだなんて言ってる暇があったら、心を磨きな。魂を磨くんだよ。

「自分褒め」で魂がダイヤモンドのように輝き出す

みっちゃん先生　苦しいときほど自分褒めするんだよって一人さんに教わりました

が、同じように、モテない人ほど自分褒めが必要ですね。

一人さん そういうこと。**自分褒めをしていると、魂がピカピカに磨かれるんだよ。それが魅力という光になって、あなたが輝き出すの。**

どんどんオーラが大きく、美しくなっていく。それはね、まるでまばゆいダイヤモンドみたいな輝きなんです。あなた色のダイヤになる。

あなた色のダイヤが光を放つようになると、あなたがコンプレックスに思っていることすら、最高の個性として味わいが生まれるの。自分をブスだと思っていた人でも、「その顔が好き」って言われるようになるんです。

みっちゃん先生 確かに、人気の俳優さんなんかを見ていると、素朴な雰囲気なのになぜかオーラがキラキラしている人や、ただものではない魅力にあふれている人がいますよね。

一人さん　昭和を代表する時代劇俳優に片岡千恵蔵《かたおかちえぞう》という人がいたんだけど、顔の造作としては、失礼ながらパッとしない（笑）。ところが、どんな二枚目も太刀打ちできない魅力があったんだよね。それはもうすさまじいオーラで、見る人をぐいぐい惹《ひ》きつけちゃうの。

ハリウッド俳優のハンフリー・ボガートなんかも、顔は大きいし、見た目だけならもっといい男はいっぱいいたけど、魅力論で言えばピカイチだったんです。

道元《どうげん》（曹洞宗《そうとうしゅう》の宗祖）だって、残されている肖像画を見ると、言っちゃ悪いけど顔はちょっと……という印象です（笑）。だけど、人が命がけでついてくるほどの魅力を備えていたんだ。

みっちゃん先生　そう思うと、コンプレックスをコンプレックスのまま悪者扱いするなんて、こんなにもったいないことはありませんね。

一人さん　コンプレックスを輝くダイヤモンドになるまで磨けば、ほかの人にはない、唯一無二の魅力になる。あなたも、最高のダイヤになるんだよ。

過去のトラウマもあなたの個性に変わる

みっちゃん先生　人は誰でも、多かれ少なかれ過去のトラウマ（心の傷）があると思います。私も今は幸せそのものですが、ちょっと体調を崩したときなどには、昔の嫌な記憶がフラッシュバックして苦しい気持ちになり、つい涙ぐんでしまうことも……。

だから、トラウマに苦しんでいる人の気持ちはよくわかります。

一人さん　生きていれば、誰だって嫌なことはある。その記憶が消えず、月日を経ても嫌な気分になっちゃうことがあるよね。

人間の脳はすごく高度だから、ちょっと匂いを嗅いだだけでそれにまつわる記憶が呼び起こされたり、音楽で過去の出来事を思い出したり、よくも悪くもいろんな情報が引き出されるの。これはどうしようもないことです。

ただそのときに、**「こういう日もあるよね」**って、悪い方に引きずられなければいい。

みっちゃん先生　私も、嫌な気持ちになったときは拒絶せずに受け入れますが、流されないようにしています。そして、嫌な記憶も、無理に消そうとは思いません。

いつまでも消えない記憶というのは、消えないことで魂の学びになったり、ほかの人のお役に立てたり、自分のなかで光り輝く宝石に変わったりするものだと思うから。

一人さん　そういうふうに考えられたらいいよね。

人間は完璧じゃない。いいときもあれば、悪いときもある。不完全なあなたでいいし、そのままのあなただからすてきなんです。

そう思える人が、今を幸せに生きているってことだと思うよ。

何が起きても自分をゆるすの。だって、自分をゆるせないままであなたの心は晴れるかい？　楽しいかい？　スカッと晴れやかで楽しい人生を選びたい人は、自分をゆるすしかないんだ。そうじゃなきゃ、いつまで経っても迷いや苦しみが続くよ。

みっちゃん先生　考えてみたら、苦しい記憶がよみがえってきたとしても、24時間、365日ずっとその記憶に支配されるわけではありません。仲間と楽しく遊んだり、ストーリーに没頭できる映画やドラマを観たりすれば、パッと嫌な記憶は消え去ります。

そうやって出ては消え、出てきては消え……を繰り返すうちに、少しずつ思い出す回数が減ったり、出てきてもすぐに感情をリセットできるようになったり。

だからとにかく、気持ちが軽くなるまで「ゆるします、ゆるします」の言霊《ことだま》で心を浄化し続けたらいいですよね。

一人さん　遊ぶことだよね。そうすればトラウマに支配されることはないから。

それと、有名人やなんかでも、最近は自分から「過去のいじめや家庭環境で心に深い傷を負った」とカミングアウトする人がたくさんいるでしょ？　そういう人たちの体験談を読んでみると、過去のトラウマを自分の個性として捉え、ピカピカに磨き上げている人がけっこういるんです。

あなたにも、きっとそれができますよ。

自分で考えることを放棄しちゃダメだよ

一人さん　一人さんのところには、いろんな人からたくさんの質問や相談が寄せられます。もちろん、一人さんでわかることはなんだってお答えしたいんだけど、みんなに一つだけ約束して欲しいんです。

自分で考えることを放棄しちゃダメだよ。

どんな悩みでも、それはあなたの問題です。**あなたに起きたということは、あなたはその問題から何か学ぶ必要があるんだよ**。それを一人さんに丸投げしちゃうと、あなたの学びにならないんです。

冷たくて言っているわけじゃないの。本当は一人さんだってこんなこと言いたくないけど、せっかく一人さんの考え方に共感してくれるのなら、いちばん効果的な方法をお伝えしたいよね。どうせだったら、みんなにうんと幸せになって欲しい。

だから、**心を鬼にして**言うんです。


みっちゃん先生　私もかつて、一人さんから「〝どうしよう〟が3回続いたらノイローゼだよ（笑）。〝どうしよう〟が2回出たら、3回目を言わないためにどうしたらいいか考えなきゃいけない」と教えてもらいました。一人さんの愛情ですよね。

一人さんに質問すれば、なんでもズバリ楽しく解決する方法を教えてくれます。

でも、大事なのは自分で考えること。

困ったことが起きたからって、いつも一人さんにアドバイスをもらうわけにはいきません。自分で解決する能力を身につけないと、結局、自分がしんどくなりますよね。

まずは自分で考え、一人さんのアドバイスでさらに学びを深める。それが一人さんの教えを学ぶときのポイントだと思います。

一人さん　人間って、みんな迷うの。苦しむんだよね。だけど、迷い苦しむうちに、魂が成長する答えを出すんです。そうやって魂を成長させていくの。

あなたに出てきた問題の答えは、あなたが迷って苦しんで答えを出さなきゃいけない。人に聞いて済ませることはできないんだよね。

あなたには、あなたを成長させてくれる問題がある。みっちゃんには、みっちゃんの問題がある。一人さんにも、一人さんの問題があるんだ。

みっちゃん先生　そういえば昔、「アイデアが3つ出なかったら愉快なバツゲーム」という楽しいゲームで、自分で考える訓練をしましたね。バツは、ウイッグをかぶって写真を撮る（笑）。

一人さん　よく「私は全然アイデアが出なくて……」っていう人がいるけど、あなたは本当にアイデアが出ないのかいって言いたいんです。

そういう人は、試しにこのゲームをしてみるといい。

「どんなにくだらないアイデアでもいいから、今から10分以内に、あなたが抱えている問題に対して3つの知恵（解決法）を出すこと。できないときは愉快なバツゲームです」

ゲームってなると、人は楽しんで考えだすものなんだよね。で、なんとしてでもアイデアをひねり出そうとする。

みっちゃん先生　うまいアイデアでなくてもいい。まずは、何か考え出すことが大事だから。こういう頭の体操、脳の筋トレが、自分で考えるいい訓練になりますよね。

一人さん　そうだよ。たとえくだらないアイデアしか出なくても、笑って楽しめば

いい。そうやって考えているうちに、不意にいい考えがパッと出てくるものだから
ね。

第4章

対人関係はズバリ これで楽勝だよ

親のお役目は子どもを信じることです

みっちゃん先生　私がまるかんのお仕事を始めた当初、実は私の両親はあまりいい顔をしませんでした。親としては「この子に社長が務まるかしら」と、のんびり屋の私に不安を感じたのだと思います。

ところが、そのわりに毎日出かける私を黙って見ているし、いよいよ仕事が忙しくなり私が自宅で商品の梱包《こんぽう》作業をしていると、何も言わず手伝ってくれた。そのことに、すごく両親の愛情を感じたんです。信じてくれている、応援してくれているっていうのが伝わってきてうれしかったなぁ……。あの時間は、両親とのいちばんの思い出です。

一人さん　**親の最大のお役目って、子どもを信じることなんだよ。**親は子どもが失敗して傷つく姿を見たくないから、ついあれこれ口出ししたくなるけど、それって余計なことなの。

子どもを信じるというか、その子の魂を信じるんだよね。その子のなかにも神様がいるから、その神様にお任せすればいい。

あなたの魂もそうだけど、子どもの魂だって失敗したがっているんです。失敗から学びたがっている。親はその機会を奪っちゃいけないし、心配しなくても、子どもって案外うまくやるものです。

そりゃあ、今にも崖から落ちそうになっているんだったら助けなきゃいけない。命を落としちゃうと取り返しがつかないからね。だけど、ちょっとくらいのケガなら、あえて経験させてやることだよ。

みっちゃん先生　子どもがなかなか就職できない、学校を嫌がる……みたいなことで多くの親御さんたちは頭を悩ませますけど、心配するより信じた方が絶対いい。私の経験からも言えますが、子どもって、親に信用されているのを感じると安心するんですよね。

その安心感があればちゃんと自分の道を見つけられるし、信じてくれている親を困らせるような、おかしなこともしないものです。

一人さん 信じて手を出さないのと、放置は違うからね。**信じるって、愛で放っておく「愛ほっと」なの。**愛で見守ることを言う。子どもには、その違いがちゃんとわかるんだ。

そもそも子どもの魂は、生まれたときからすでにレベルが高い。親よりずっと魂レベルは上です。だから安心して放っておきな。手を貸すのは、子どもの方からアドバイスや助けを求めてきたときだけでじゅうぶんだよ。

学校へ行くのも行かないのも当たり前

一人さん 子どもは、放っておいてもちゃんと自分に合う働き口を見つけてくるし、起業向きの子は自分で商売を始める。それができなくても、お嫁に行ったりして、なんだかんだうまくいくの。

学校にしたって、行きたくないものを無理に行かせなくていいんだ。あのさ、あなただってその昔、学校をサボりたいと思ったことがあったでしょ？（笑）行きたくない日もあったはずなんだよ。

学校へ行くのが当たり前だと思ったら大間違いなの。一人さんに言わせると、学校へ行かなきゃ頭が悪くなるとか、みんなに置いて行かれるとか、将来困るとか、そんなことを考えている方がおかしいよね。

事実、ほとんど学校へ行かず勉強もしなかった一人さんは、学校へ行った人より成功しちゃったんだよ。納税日本一の商人になった。

みっちゃん先生　学校に行かなくたって、勉強したい子はいくらでも学べます。今の時代なら、通信教育なんかのシステムも充実してきているし、学びたい子はそういう方法もアリだと思います。

学校の勉強が嫌いな子でも、興味のある分野については自分から学ぶものだし、そのために読み書きや計算が必要なら、その勉強だって自分からしますよね。

一人さん そういうことだよ。一人さんは、学校で方程式やなんかをギュウギュウ勉強させられるのが嫌で嫌でしょうがなかったんです。だから行かなかったの。

方程式で食べていきたい人は、いくらでも勉強したらいい。でもたいていの人は、大人になって方程式なんて使わないよ。必要もない方程式の勉強を押しつけられたうえに、「覚えが悪い」だの「頭が悪い」だの勘弁してくれよって（笑）。

よく「大人になってからの勉強は楽しい」って言うけど、あれは周りからうるさいことを言われないからだよね。自分に必要なことを、自分の意志で学ぶから楽しいんです。

でも、それって大人の特権なの？ **子どもは大人みたいに自由に好きなことを学んじゃいけないのかい？** そんなことないよね。

みっちゃん先生 学校の勉強が好きな子、体を動かすことで学びたい子、芸術的なセンスやもの作りの技術を磨きたい子……いろんな学びがあっていいし、好きな道を極めて成功できたら、こんなに幸せなことはありませんね。

もっともっと、親御さんも頭を柔らかく、ですね！

「バカ」「ウンコ」「クソババァ」くらい言わせてやりな（笑）

一人さん　頭を柔らかくすると言えば、前にこういう相談があったの。

「子どもが学校で汚い言葉を覚えてきて、家でも口を開けば〝バカ〟〝ウンコ〟〝クソババァ〟ばかり……いくら注意しても聞かずに困っています」

一人さん流でお答えすると、これも放っておけばいいよ。子どもってね、ある時期にこういう言葉も覚える必要があるんです。だから学校やなんかで教わってくるの。

口を開けば汚い言葉ばかりって言うけど、子どものうちに言いまくっておかなきゃ、かえって大人になって苦労するよ。この程度のことも言えないまま気弱な大人になっちゃったら、そっちの方が困るんです。大人になってもいじめに遭ったりするの。

みっちゃん先生　成長とともに、汚い言葉を使うのはよくないことはわかると思いますし、ときがくれば自分でやめますよね。

それに今注意しても、子どもは叱られたことに反発して、余計にお口が悪くなっちゃう……ということもありそう。

一人さん　だいたい子どもって、親が困る顔を見たくてわざとイタズラしたりするからね（笑）。その一環だと思って、あまり深刻にならないことだよ。

頭ごなしにガミガミ言わなくても、親が汚い言葉を使わずにいれば、いずれ子どもは「この言葉はよくないのかな？」って気づけるの。どんなに学びの遅い子でも、50歳にもなれば直るだろうね（笑）。

みっちゃん先生　今は寿命が伸びてますからね、50歳で直れば遅くない（笑）。

一人さん　この問題に限った話じゃないけど、どうしてもガミガミ言っちゃう人は、もう子どもの余命をあと3カ月だと思うしかないよ（笑）。**「この子はあと3カ月で死ぬんだ」**と思ったら、絶対ガミガミなんて言えないと思うから。

そんな不謹慎なこと考えられませんって、悪いけど、あなたがガミガミ言うことの方がよっぽど子どもを押さえつけたり傷つけたりするひどい行為だと思います。

余命3カ月と思ってでも、ガミガミはやめなきゃいけない。それが嫌なら、自分の意志でガミガミ言うのをやめな。

親が口うるさく言わなくなると、間違いなく子どもは自信を持ったいい子に育つよ。

なんてったって、子どもの方が魂は進んでいるからね。親が子どもを育てるんじゃない、子どもに親が育てられるんだ。

シャドーボクシングと同じ。苦手なことは練習あるのみ

みっちゃん先生　私はあがり症のため、人前で話すことがとっても苦手。なので、「すぐ緊張して失敗します」「会議で言いたいことをうまく伝えられません」といった話を聞くと、本当に共感しかないんですよね（笑）。

ただ……まるかんで社長をさせていただいていると、大勢の人の前でお話しする機会もあって。舞台の上で話すなんて無理ムリ！　口から心臓が出ちゃうよ！　ってもうパニックです（笑）。

お客さんの顔が見えなかったら緊張しないだろうとコンタクトレンズを外してみたり、「人」という文字を手のひらに書いたり、緊張が落ちますようにって背中をポンポン叩いてもらったり、ぴょんぴょんジャンプしたり（笑）。

一人さん　あれこれ試しては緊張をほぐそうとするんだけど、結局どれも効果がな

かったんだよね（笑）。

みっちゃん先生　コンタクトレンズを外すのは我ながら名案だと思ったのですが、あれは逆に大失敗（笑）。周りが見えないと、余計に緊張するものですね（笑）。仕舞いには、「いっそここで気絶しちゃえば舞台に上がらなくて済むのに」なんて考えて、必死で気を失う方法を考えたり。でもわかったのは、人間ちょっとやそっとでは失神しないということでした（笑）。さすがに自分で自分が笑えてきちゃった。

一人さん　こういうことは、**やっぱり場数を踏むしかない**よね。練習あるのみ。シャドーボクシングみたいなものだよ。

たとえば人見知りで挨拶が苦手な人は、家でひとりのときに練習するの。知り合いとすれ違ったつもりで、「おはようございます！」「こんにちは！」って笑顔で明るい挨拶をしてごらん。何回も、何回も練習するんです。

あと、パート先を選ぶんだったら、マクドナルドみたいな挨拶の気持ちいいお店にするとかね。みんなが大きな声で挨拶をする場所にいれば、自分もつられて声が出るようになる。挨拶に抵抗がなくなると思いますよ。

笑顔で気持ちのいい挨拶ができるって、一生モノの技術なの。ものすごく役に立つ。だから練習した方がいいよね。

みっちゃん先生　会議など人前でしゃべるのが苦手な人は、一人さんファンの間で開催されている「寺子屋お茶会（参加費1000円）」などもお勧めです。

何人かで集まり、5分間ずつみんなの前で話をするのですが、「話す人も聞く人も否定的なことは言わない」「明るい内容なら何を話してもOK」というルールなので、初めてのかたでもすごくしゃべりやすいんです。

こういう小さな場で慣れていけば、だんだん大勢の前に出ても緊張しにくくなります。実際、寺子屋お茶会に参加されたかたは見事に人前で話せるようになりますし、私自身も楽しく鍛えられましたよ。

一人さん　どんなベテラン俳優でも、お芝居をするのにぶっつけ本番っていうのはありません。本番までに何回も練習するのは当たり前なの。
そう思って、気楽に練習するといいね。

本当はみんな褒められたいんだ

一人さん　一人さんは、**人間関係の問題は、褒め合うことで一発解決**だと思っているんです。一発解決というより、問題自体が起きなくなるよね。

だって、「今日もすてきだね」「その洋服すごく似合ってるよ」っていつも褒めてくれる相手のことを、あなたは攻撃しようと思うかい？　そういう相手には、ちょっとくらい腹の立つことがあっても「まぁいいか、根はいい人だし」って思うんじゃないかな。

自分を褒めてくれる相手なら、問題が起きてもゆるせる。好きな相手とはギクシャクしにくいんです。

そもそも、嫌な相手にされたら腹が立つけど、好きな相手にされるとなんとも思わないってことあるでしょ？　同じことでも、相手によって受け止め方は変わります。

褒め合うことは、すごく人間関係をスムーズにするよね。

みっちゃん先生　人の悪いところを指摘するより、いいところを見つけて褒める方が、こちらも気持ちいいですしね。相手の悪いところを探したって、お互いにいいことなんてありません。

第一、どんな人も本当は悪いところなんてない。悪く見えることでも、それは単なる個性だから。どんな性格も癖も、全部ひっくるめてその人の魅力です。

一人さん　みっちゃんは優しくて、それこそ褒め道の達人だよね。みっちゃんがみんなに好かれていて、人間関係のトラブルと無縁なのを見ていると、つくづく「人づきあいと褒め道はセットだな」って思うよ。

やっぱりね、人はみんな褒められたいんだよ。褒められるとうれしいから相手のことを好きになるし、ちょっとやそっとのことでは腹も立たない。

みっちゃん先生　そうですよね。ちなみに、友達から「私の直した方がいいところを教えて」と頼まれた場合、一人さんだったらどう対応しますか？

一人さん　俺だったら、絶対に指摘しないよ。あのね、いくら相手が「悪いところがあったら教えて」と言っても、本心ではそう思ってないはずなの。むしろ、そんなことを言うときほど、**実は褒めて欲しいもの**なんです。「あなたに悪いところなんてないよ」「こういうところがすてきだよ」って褒められたがっている。

だけど、まさか「私を褒めて」とは言えないから、「ダメなところを教えて」っていう言い方をしているだけなんだよ。人には、そういう天邪鬼《あまのじゃく》なところがあるんです。

誰だって、自分の悪いところなんて聞きたくない。だから、いいところをじゃんじゃん褒めてあげな。

人の嫌な反応に振り回されない考え方を知ってるかい？

一人さん　人間は、ほかの人に喜ばれることで幸せを感じるようになっています。なぜそうなのかは、神様がつけてくれたことだから一人さんにはわからないけど、そういうものだというのは確かなの。

でね、たとえば人を褒めたとき、相手がチラリとも笑顔を見せてくれなかったら寂しくなる、嫌な気持ちになるっていう人がいるんです。確かに、喜んで欲しくて褒めたのに思うような反応がないと、残念に思うのも仕方がないのかもしれない。

ただ、一人さんだったら別にどうも思いません。そういう人なんだな、で終わり。

世の中には、いろんな人がいます。ちょっと褒めただけで一生分くらい喜んでくれる人がいれば、いくら褒めても反応がなかったり、かえってブスッとしたりする人もいる。だけど、それもまた個性なんだよ。

あなたが褒めればそれでいい。

みっちゃん先生　ひょっとしたら、ブスッとしていても、内心ではすごく喜んでいるかもしれませんしね（笑）。極度のシャイな人って、褒められると恥ずかしくて、顔がこわばっちゃうこともあると思いますよ。

一人さん　たとえ相手が本当に嫌なやつだったとしても、「この人はシャイなんだな」「**こんなにブスッとしながらも、心のなかでは小躍りしているに違いない**」って思えば、自分の機嫌が損なわれることはないよね。

情けは人のためならずとはよく言ったもので、相手を思いやる解釈のようで、自分にも都合がいい。あなたの機嫌がよければ、神様はいくらでもご褒美をくれるんだからね。

みっちゃん先生　人は千差万別、いろんな個性があります。それに振り回されることなく、自分も楽しくなる考え方ができるといいですね。

そして自分が褒められたときには、相手にお返しするつもりでうんと喜ぶ。あなたの笑顔を見たら、褒めてくれた相手もうれしくなるから。

一人さん　そういえば、「私は人に褒められるとすぐ有頂天になり、周りから冷ややかな目で見られることがあります」って言う人がいて。褒められたときに冷静さを保てない自分に悩んでいたの。

これね、**冷ややかな目で見てくる方がおかしい**んです。性格悪いよね。そんな嫌なやつには、「今、人のこと冷ややかな目で見たよね？」ってやり返しな（笑）。

ふつうの人は、誰かが喜んでいたら「よかったね」と言うものです。人に褒められたらうれしいし、大喜びするのが当たり前だと思いますよ。

悪い癖は死ぬ気で直さないと苦しくなるよ

一人さん　さっきの冷ややかな目で見る人もそうだけど、人を不快な気持ちにさせることはやめた方がいいよね。やめた方がいいっていうか、絶対やめなきゃいけない。

たまに、「悪気なく嫌味を言ってしまう」なんて人がいるんです。本人としては、小学生の男子が好きな女の子にわざとイタズラをするような感覚だと思うけど、嫌味を言われた相手の立場で考えてごらん。最悪だよ。

みっちゃん先生　悪気がなくても、言われた方はやっぱり傷つきますよね。

一人さん　そういうのは最低の癖だから、何がなんでも直さなきゃいけない。死ぬ気で直しな。

厳しいことを言うようだけど、もしうっかり人に嫌味を言ってしまったら、そのたびに自分を思い切りつねったり叩いたりしてでもやめる努力をすべきだよ。でなきゃ、いずれ友達がいなくなっちゃうんです。あなたが苦しくなるの。

みっちゃん先生　こういう癖のある人は、**「自分の心に愛があるかな」「言葉に愛があるかな」**って常に考えながら人と会話するといいですよね。そうすれば、人を傷つける言葉なんて出てこないはずだから。

そして1日ごとに、「今日も人に嫌味を言わずに過ごせた、偉かったね」って自分褒めをしてあげること。できたときは自分をうんと褒めて、次の日もまた嫌味を言わずに過ごす。そしてまた自分を褒めてあげる……ということを積み重ねていけば、きっと直ると思います。魂も喜びますね。

一人さん　みっちゃんらしい、優しいアドバイスだね。本当にその通りだよ。

みんなもともと完璧で、すばらしい人間なの。やればできる。その経験はあなたの魂磨きだから、達成できたときは最高の魅力に変わるんだ。

「避けられてる」と感じたら「暇だなあ」と思いな

みっちゃん先生　人間関係は、ちょっとしたきっかけでギクシャクすることがありますよね。ある女性が、「子どもの受験で励まし合っていたママ友のお宅では不合格になり、うちの子だけ合格してしまいました。それ以来、ママ友から避けられています」と悩まれていて、お子さんがいるとそういう問題もあるんだなぁと驚いたことがあります。

一人さん　たぶん嫉妬だと思うけど、相手のお母さんが「自分ごと」にしすぎちゃってるんだよね。たとえば一人さんの場合で言うと、学生時代には、友達と一緒に受けた試験で俺だけ0点だったとか、俺だけ落第点ってことがしょっちゅうあったんです（笑）。でもね、そのことで友達を避けようと思ったことなんてなかったよ。友達とつきあいにくいとか、そんなことすら考えたことがないんです。

なぜかというと、0点を取ったのは俺で、それと友達にはなんの関係もないから。友達が俺の点数を盗んで100点取ったのなら関係あるけど（笑）、そうじゃないでしょ？

同じように、受験で不合格になったのは、一緒に受験した友達と関係ない。そもそも、受験したのはお母さんじゃなくて子どもだよね。自分の問題でもない、しかも関係ない人に嫉妬心をむき出しにするっておかしくないかい？　ひとり相撲で滑稽だよね（笑）。

みっちゃん先生　整理して考えると、なんだか笑えてきますね（笑）。長い人生、試験に落ちることもあれば、合格することもあります。落ちたり受かったりしながら、そのなかで学びを得て成長するものだから、「こういうこともあるよね」と思えたらすてきなのに……でも、それもまた修行でしょうか。

一人さん　そうだね。あと見方によっては、そんなことで友達を避けるなんて、ある意味、幸せな人だと思うな（笑）。

あのね、ふつうのサラリーマンなんかの勤め人だと、人生のうちに試験ってそう何度もあるわけじゃないんです。入学試験や入社試験なんかはあるだろうけど、それに合格して入っちゃえば、ひとまず落ち着けるよね。

だけど商人の場合はそうはいきません。商人というのは、毎月のように試験があるんです。毎月どころか、毎日試験の連続と言ってもいい。毎日、毎月、黒字を出し続けなきゃいけないし、会社を成長させなきゃいけないんだよね。そのために知恵を絞って、世間様に受け入れてもらえるか、評価していただけるかっていう試験の連続なの。

商人は、子どもが試験に落っこちたからって相手のお母さんを避けようとか、そんなこと考える暇なんてないんだよ。真剣に商売しているからね。まぁ、そのゲームが楽しいんだけど。

という観点から見たら、**そのお母さんはずいぶんゆとりのある幸せな人**だよ。ようは、暇なの（笑）。

みっちゃん先生　そう思えば、避けられた側のお母さんも気持ちが楽になりますね。いずれにしても、あまり深刻に考えず「愛ほっと」がいちばん。
ご縁があればまたおつきあいできる日がくるかもしれないし、そういう日がこなかったとしても、幸せになれるから心配ないですよ。

いい女がきたらグッと甘くなるのは当然です（笑）

みっちゃん先生　せっかくですので、男女にまつわる質問を一つ（笑）。よくあるケースだと思うのですが、こんなお悩みを持つ女性がいたんです。

「ある女友達は、男性の前ではふだんと態度が全然違います。特に、ちょっとイケメンがくると豹変《ひょうへん》するため、一緒にいるとイライラしてしまいます……」

同じ女性としてはどちらの気持ちもわかる気がするのですが、一人さんはどう思いますか？

一人さん　一人さんだって、男友達よりいい女の方が好きなんです（笑）。**ちょっといい女がきたら、俺も態度がグッと甘くなるよ（笑）。**笑顔だって、ふだんの5倍も10倍もよくなるよね（笑）。

そもそも俺は男が嫌いだけど（笑）、いい女がきたらますます男友達なんて眼中から消えちゃうの。笑えるだろ。

あなたも好みの男性がいたら、わかりやすくしたら楽しいと思うよ（笑）。

みっちゃん先生　この女性は、真面目に考えすぎなのかもしれませんね。

一人さん　たぶん、「男の前で態度を変えるのははしたない」みたいな刷り込みがあるんだろうね。親御さんからそう育てられたのかどうかはわからないけど、少なくとも「狙った男は確実に捕まえてこいよ」とは育てられてないよね（笑）。

だから、本当は自分も気に入った相手には積極的にアプローチしたいのにできないし、いけないと思ってるの。なのに、してる人がいるからイライラしちゃうんだと思うよ。

その点、一人さんはいい女の前で態度を変えることを少しも悪いことだと思ってないから、ためらいなくできる。周りにそういう人がいても、まったくイライラしません。むしろ「お、がんばってるなぁ」って応援しちゃうよね（笑）。

みっちゃん先生　そして、そういう考え方の一人さんはみんなに好かれています。男性にも慕われているし、女性にもすごくモテちゃう（笑）。

一人さん　結局、**どんな相手でもゆるせる自分でいることがいちばんトクだってことです。**

イライラしたって自分が損するだけだよね。

なんでも楽しく、自分に都合よく解釈すればいい。それがいちばんうまくいく方法だから。

第5章

今、ここからオトクな人生を始めな

オトクな人生はオトクな考え方から始まるよ

みっちゃん先生　近年、気候変動のせいか、急な嵐で雷がゴロゴロ轟《とどろ》くことが増えました。雷が怖いかたにとっては大変だと思うのですが、雷鳴に身が縮んだときは、一人さんの「闇を切り裂く稲妻は、地球にたくさんのエネルギーを充電してくれている」という言葉を思い出すといいと思います。

雷様のおかげでエネルギーがいただけるんだと思うと、恐怖心が和らぎますよね。

一人さん　なぜ雷が地球にエネルギーをくれるかと言うと、雷のことを「稲妻」と言うでしょ？　稲の妻——つまり、稲の実りに欠かせないのが雷ってことなんです。雷が落ちると稲の育ちがよくなるから、豊作と雷はセットなの。

もちろん雷は危険な面もあるから、大きな音が鳴っているときは外に出ないのが鉄則。でも、必要以上に怖がることはない。雷は、地球のエネルギー源だからね。

みっちゃん先生　その話を聞いて以来、私は雷が怖いどころか、待ち遠しいくらいです。嵐がやってきて空がゴロゴロ……と音を立てはじめると、私は「たけ様からのエールだわ♡」ってうれしくなっちゃいます。

たけ様というのは、鹿島神宮《かしまじんぐう》（茨城県）の御祭神で、武甕槌神《たけみかづちのかみ》という神様のこと。私たちは、雷はたけ様のお使いだと思っていて、私は親しみを込めて「たけ様」と呼ばせていただいているんです。

一人さん　そうやって楽しく考えることが重要だよね。**どれだけ自分に都合よくオトクな考え方ができるかで、人生は決まっちゃう**の。

たとえば俺たちは、旅の途中で蛇に出くわすと「また豊かになっちゃうね！」って大喜びします。蛇と言えば金運のシンボルだと信じ込んでいて、蛇を見たときは自分に都合よく大喜びする。そうすると、いつも以上にドンと会社の売り上げが増えるの。ますます景気がよくなる。

蛇が出てきたからって喜んで何になるんだ、みたいにこういうのをバカにする人がいるかもしれないけど、そういう人にはまず幸運は起きないよね。
目の前の現実をどう捉えるか、どう考えるかで、次の現実って本当に変わるんだ。

みっちゃん先生　日常のすべてをいかに前向きにとらえるか、ですね。お天気だって、多くの人は晴天を好みますけど、雨は植物にとってご飯と同じ。私たち人間にだって、水をもたらす恵みの雨です。
もちろんポカポカ陽気も地球にとっては必要ですけど、暑い日も寒い日も大事。どれも神様が用意してくれたものだから、どんなお天気でも楽しめるといいですね。

一人さん　そうだよ。みんな、ものごとを自分に都合よく考えちゃいけないと思い込んでいるの。自分に都合よく考えることを、まるで利己主義のように考えている。
もちろん、人を傷つけたり、法律を破ったりするような考え方はいけないけど、そうじゃない範囲のなかで自分が楽しくなる考え方をすることの何が悪いんだろう。

誰かを傷つけるわけじゃない。誰かに損させるわけでもない。それなのに、**なぜ自分にトクする考え方をしないんだい？**

オトクな人生は、オトクな考え方から始まる。一人さんはそう思っています。

一人さんのラッキーナンバーは人の2倍もあるんだ

一人さん　昔、夢のなかに数字の「4」と「9」が出てきたことがあるんです。これらの数字は、世間では「4＝死ぬ」「9＝苦しむ」ことを連想させる不吉な数字として嫌われていますが、夢のなかで「4」と「9」がこう言うんです。

「僕たちは2つ揃うと〝49＝よくなる〟なのに、なぜみんなに嫌われるんだろう？」

確かにその通りだと思って、「これからは、俺が君たちをラッキーナンバーにして大事にするよ」と伝えたの。そうしたら、2つの数字が「僕たちも、一人さんをよく（49）してしてあげますからね」ってすごく喜んで帰っていったんです。

みっちゃん先生　以来、まるかんでは「4」と「9」をラッキーナンバーとして、いろんなところで使うようになりました。直弟子の社長たちはもちろん、全国の弟子たちが自分の車のナンバーに「4」と「9」を入れているから、道路ですれ違ってもすぐ「一人さんファンだ！」ってわかっちゃう（笑）。

一人さん　楽しい遊びの一つとして取り入れていることだけど、すごくオトクな気がするよね。何がオトクなんですかって、みんなは数字の「7」をラッキーセブンと言って好んだり、無限や末広がりを表す「8」を使いたがったりするでしょ？それについては異論なんてないし、一人さんも「7」や「8」は好きなんです。
ただ、うちでは「4」と「9」もラッキーナンバーなの。
世間では10個のうち、2つしかツイてる数字がありません。だけど一人さんの場合は4つもある。みんなの2倍もツイてるって、すごくオトクでしょ？（笑）

でね、そう思っている人には、本当にオトクなことがじゃんじゃん起きるんです。みんなの倍どころか、100倍も1000倍もツイてる人生になるんだよ。

オトクな考えもしないで、オトクな人生は送れません。

どうすれば自分にオトクな考えになるのか、楽しい考え方にできるのか、徹底的に追求しな。それが、豊かな人生のカギだよ。

神社の往きは「参道」、帰りは「産道」なんです

みっちゃん先生　私は神社参りが大好きなので、いつも一人さんのお供でいろんな神社へお参りさせていただきます。木々に囲まれた、本殿へと続く参道を歩いているときの清々しさは本当に最高で……心も体も魂も洗われるような、得も言われぬ心地よさがあります。

そのとき思い出すのが、一人さんのこの言葉です。

「神社参りってね、神様の前で〝参りました〟をするから、お参りと言うんだよ」

ぜんぶ自力で乗り切ろうとしてがんばりすぎちゃうと、神経をすり減らすことになってつらい。それより、神様のもとで潔く「参りました」をして、自分の力ではどうにもならないことは手助けしてもらえばいいんだよって。

神社の参道を歩いていると、「がんばりすぎない。肩の力を抜こう」って思えます。

一人さん　神様は優しいから、本当はお願いなんてしなくたって助けてくれます。だけど神社へお参りに行くと、みっちゃんが言うように、みんな肩の荷が下ろしやすいよね。

みっちゃん先生　そうなんです。神社には特有の清涼感があって、行けば無条件にスカッと晴れやかな気分になる。心も体も軽くなるから、何度でも足を運びたくなるんですよね〜。

それともう一つ、「産道」のお話も私は大好きで……。

一人さん　神社の参道って、往きは「参道」だけど、帰りはお母さんの「産道」を通るのと同じなんです。**神様にお参りして、神社を出るときは新たに生まれ変わった自分になる**よっていう意味なの。

神社は、肩の荷を下ろしてくれる場所。心についた穢《けが》れをきれいに祓《はら》ってもらえるから、生まれ変わるつもりでお参りに行くといいんです。

そしてせっかく生まれ変わるんだから、一つ自分を成長させること。愚痴が多い人は、少しでも愚痴を減らす挑戦をする。文句ばかり言ってる人は、1日でも文句を言わないようにする。ちょっとでもいいから、自分を成長させるといいよ。

みっちゃん先生　第3章で、「波動を変えると翌朝から別人になれる」というお話を教わりましたけど、神社へ行ったときもそれと同じ。まさに自分改革の大チャンスですね！

「今」という舵をしっかり握りな

一人さん　今、ここであなたが幸せになるためのチャレンジをすると、過去の終わったことも、まだ訪れていない未来も、ぜんぶいい方向に変えることができます。

過去が嫌な記憶として残っているのは、今、あなたが幸せじゃないからなんだよね。**同じ過去でも、今、幸せな人は「あのことがあったから成功できた」っていう幸せな目で見ることができる**の。嫌な記憶でも、あれでよかったんだと肯定できるようになる。

そして、今、幸せであれば、未来に不安を感じることもなくなるから、先のことも明るく考えられるよね。

みっちゃん先生　一人さんの言葉を借りれば、「赤いサングラスをかけると、当たり前だけどどこを見ても赤く見える。それと同じように、今、幸せになれば、幸せのフィルターをかけて過去や未来を見られる」ということですね。

過去のことがすべて宝石に変わり、未来にはもっと輝く宝石が待っている。だから、今ここで幸せにならなきゃいけないよって。


一人さん　その通りだよ。過去はもう終わったことだし、未来はまだ訪れていない。どんな人でも「今」しか生きられないし、変えられるのは、今ここにいる自分だけなんだよね。

人生は「今」の連続であり、「永遠の今」です。つまり、「今」という舵《かじ》をあなたがしっかり握ってさえいれば、人生は自分の思い通りになるし、どこへでも好きなところへ行けるんだよ。何をしてもうまくいく。

それとね、我々は幸せになるために生まれたんだ。生は喜びなんです。ということは、今までの10倍楽しく生きれば、人生は10倍価値あるものになる。そう思って、生きることを全力で楽しんでごらん。

みっちゃん先生　つらい人生、苦しい人生を送っているのは、本当にもったいない……。

一人さん　楽しく生きることをまるで悪と捉えている人がいるけど、そういう人って、生まれる前に「幸せになります」って神様と約束してきたことを忘れてしまってるんだ。それでどうやって幸せになるんだろう。

この世界には、きれいな花や景色がある。水があって、おいしいものがあって、歌も笑いもたくさんある。楽しみがいっぱい詰まった場所なんだ。こんなにすばらしい星に生まれて、ここで幸せになれなかったらどこで幸せになるんだい？

悪いことばかりに目を向けるのも、暗い話をするのもやめな。自分で不幸を選択している限り、「幸せな今」は永遠に訪れないからね。

奇跡を起こすって難しいことじゃないんです

みっちゃん先生　一人さんの教えとともに生きていると、運勢がよくなるのが本当に実感できます。１日に何度「神様に守られているなぁ」って感じるかわからないくらい、日々が奇跡で満ちてくるんです。

そんな私が経験した奇跡を、ちょっとだけご紹介してみますね。

ある日のこと。車を運転していると急にエンジンの調子がおかしくなり、「あれ？」と思ったら、その直後にエンジンが止まっちゃったんです。きゃ〜、どうしよう！　あせった私ですが、反射的にハンドルを切り、まだ惰性で動いていた車を必死で路肩に寄せました。

車はスルスル〜ッと左に寄り、間もなく停止。幸い、車の脇をバイクなども走行していなかったので、無事に路肩に停車することができました。

ふぅ……安堵《あんど》の思いで窓の外を見た私は、思わず「えっ⁉」と声を上げたのです。

なんと、目に飛び込んできたのは交番！

急なエンストにもかかわらず安全に停車でき、事故を起こさなかったこと自体も奇跡ですが、停まった場所が偶然にも交番の前だなんて、こんな奇跡があるでしょうか？

おかげですぐに助けていただき、その後の処理もとてもスムーズでした。

当時はまだ携帯電話も普及していませんでしたから、もし誰もいない場所でエンストしていたら……と思うと本当に身震いがします。


一人さん　そういう奇跡って、本来、誰にでも起きることなんだよね。だって俺たちは、神様に守られているから。みんな自分が神様そのものだから、奇跡を起こすのは難しいことではない。

じゃあどうしてふつうの人には奇跡が滅多に起きないのかというと、神様が喜ぶような生き方を意識してないからだよね。やってるつもりでも、まだ甘いんだと思うよ。

神様の生き方にカチッとはまったときは、驚くような奇跡が起きるの。

みっちゃん先生　参考までに、神様の生き方そのものをしている一人さんにはどんな奇跡が起きるのか、一つご紹介してみましょう。これも、車にまつわるエピソードです。

仲間たちと、青森まで旅行をしたときのこと。帰路、高速道路を走っていると、どうも車の調子がおかしいのです。高速道路でのトラブルは命取りですから、すぐに車を停めることにしました。

運よく広めの路肩がありましたので、そこに停車してＪＡＦを呼んだのはいいのですが……困ったことに、到着まで30分はかかるそう。そのうえ、「車外でお待ちください」と言うのです。

高速道路では、故障車に乗ったまま待機していると、後続車に衝突されたときに危険なため、車から離れるのが鉄則なんだそうです。とはいえ、すぐ脇を猛スピードの車がビュンビュン走る場所で待つのですから、それはそれで震える思いでした。

一人さん　ところが、外へ出るとすぐに覆面パトカーが通りかかったんだよね（笑）。

みっちゃん先生　そう！　しかもその後すぐに、今度は日本道路公団（現在のNEXCO）の車まで通りかかった。おかげで、JAFの到着を待つことなく、安全な場所へ移動できたのです。

これにはみんなびっくりで、「一人さんって、いつもこんな奇跡が起きてるの!?」と大興奮（笑）。だけど一人さんは涼しい顔のまま、「そう珍しいことでもないけどね」って笑っていたんですよね。

神の道に沿って生きると、奇跡は当たり前に起きます。だから私たちも一人さんの黄金の鎖を離さないし、みなさんにも絶対ついてきて欲しい。そう思っています。

見た目を変えるってすごい効果があるよ

みっちゃん先生　第1章でお伝えした通り、一人さんは私がうつ病だったとき、**「おしゃれしな」「キラキラしたものを身につけな」**と言ってくれました。とにかく簡単にできることだし、一瞬で波動が変わるからって。

一人さん 見た目を変えると、それにふさわしい波動になるからね。そして波動が変われば、心も明るい方へついてくる。

みっちゃん先生 明るい気持ちになると、丸く縮こまっていた背中もシャキッと伸びる。それが自信になり、また波動が変わる……というようにプラスの方向へ加速がついて、どんどん元気になっていくんですよね。

あと、おしゃれをすると周りの人から褒められるようになるので、それもまた私は自信につながったなぁ。

一人さん 見た目を変えるって、すごい効果があるんだよね。

みっちゃん先生 日本では、みんなと同じが好まれるというか、ちょっと目立つと嫌な目に遭う……みたいな思い込みのある人がいますよね。でも、キラキラしていると、むしろいいことしかありません。そのことを、もっと伝えたいですね。

一人さん キラキラのアクセサリーや明るい洋服って、派手だから目立ちます。そうするとふつうの人は「派手だからやめよう」って尻込みしちゃうんだけど、恵美《えみ》子《こ》さん（弟子の柴村《しばむら》恵美子さん）やはなゑちゃん（弟子の舛岡《ますおか》はなゑさん）を見てごらん。

自分が気に入ったものを堂々と身につけるんです。人にどう思われようと関係ない、自分を楽しもうっていう芯が通ってるの。だからますますいい波動が出るし、周りの人も「すてきだなぁ」「きれいだなぁ」って感じるようになる。みんなに好かれるの。

みっちゃん先生 恵美子さんやはなゑさんにあこがれている女性は、すごくたくさんいますからね。

一人さん　もちろん、「私は派手なのは好きじゃありません」っていう人は、控えめにしていたらいいよ。派手じゃなきゃダメという意味ではないからね。

だけど、あなたが派手好きだとしたら、弱気なことを言ってちゃダメだよ（笑）。

今世のあなたの使命は、うんとオシャレをして目立つことなの。わかるかい？

でね、「人にどう言われようと関係ない。自分の好きな道を行くんだ」って覚悟が決まると、そういう波動が出るから、不思議と誰にも何も言われなくなるんです。

余計な心配はしないで、いつもニコニコ笑ってな。いつも笑ってる人は、目立つ格好をしていようがどうしようが、絶対みんなに好かれますよ。

笑いがあれば人生は底上げされるからね

みっちゃん先生　一人さんと一緒にいると、毎日が爆笑の連続なのですが、やっぱり笑いがあるって、人生が何倍も豊かになりますね。

一人さん　真面目なのもいいんだよ。ずっと不真面目だった人が真面目になれば、それだけで魂は向上する。でもね、人生って横に行くだけだと退屈なの。かといって下に行くとみじめになる。

じゃあ**どうすればもっと幸せになれるかというと、上へ行くしかないんだ**よね。魂を磨いて向上するしかない。魂には限界がないから、どんなに成長してもいくらでも上があるの。

不真面目な人が真面目になり、それが当たり前にできるようになったら、次の成長のためにまた別の何かが必要になる。それが、遊びや楽しさなの。真面目な人にユーモアがあれば、もっと魅力的になるでしょ？

みっちゃん先生　そういえば、誰かが「ディズニーランドに行きたいなぁ」って言ったときだったかな？　一人さんが、「ここにミッキーマウスがいるだろ、俺は干支《えと》がねずみだから。大人のディズニーランドだね」って。

一人さんのジョークはどれも爆笑ですけど、あれも最高におもしろかった（笑）。

一人さん　そんな冗談言ったかな？（笑）　昔のことはよく覚えてないけど、別に深い意味はなくて、ただ楽しい話をしただけだと思うよ。俺がたまたまねずみ年だからミッキーマウスにしたけど、うさぎ年だったら、おそらく「ここにうさぎちゃんがいるぞ」って言っただろうね（笑）。

みっちゃん先生　一人さんの教えは神的ですけど、笑いもそれに引けを取りませんよね。本当に、ジョークの神様！

コンビニのことを、「俺が欲しいものを常にストックしてくれている。全国に俺の冷蔵庫が何千、何万とあるんだ」って言うし、ドライブで高速道路を走れば、「俺の自家用道路をいつも整備してもらって、ありがたいね」。料金所の支払いでは「自家用道路の維持管理費だよ」って笑わせてくれる（笑）。

一人さんの車を運転してくれている池ちゃん（弟子の池浦秀一《いけうらしゅういち》さん）やタツヤ

さん（弟子の鈴木達矢《すずきたつや》さん）が、笑いすぎて運転をミスしないか心配になっちゃうくらい（笑）。

一人さん　**俺の自家用道路を、いつも誰かがきちんと管理してくれていると思うと、それだけでトクした気分になるの（笑）。**すごく豊かで楽しい気持ちになるんです。

食べ物でも、ふつうの人は「牛肉は高価だから毎日は食べられない」と思うかもしれないけど、俺は魚肉ソーセージを牛肉と言い切っちゃうからね（笑）。しかも、ただの牛肉じゃない。最高級の松阪牛《まつさかぎゅう》にしちゃうんだ（笑）。

でね、どのジョークも適当に言うわけじゃない。本気でそう思っているの。だから俺自身も楽しいし、周りの人たちもおなかを抱えて笑うんだろうね。

みっちゃん先生　みんなで魚肉ソーセージを使った料理を食べているときに、遠慮してなかなか手を伸ばさない人がいると「松阪牛はアツアツのうちに食べな。冷めてくると、なぜか魚の香りがするからね」って（笑）。みんな大爆笑で大変です（笑）。ほんのちょっと考え方を変えるだけで、目の前の景色は見え方が全然違ってくる。笑いがあれば、人生はうんと底上げされますね。

分離の考えはもうやめな。これからは統合の時代だよ

みっちゃん先生　最近、一人さんが新しくみんなに教えてくれているのが「統合」という言葉です。

一人さん　統合というのは、簡単に言うと神様の考え方に自分を近づけること。つまり、一人さんがこれまでみんなに伝え続けてきたことすべてが当てはまります。

わかりやすい例を挙げると、人はお金持ちの家に生まれることもあれば、貧しい家に生まれることもあるよね。でも、与えられた環境で人生が決まるわけではありません。人生は、自分の考え方で決まるんだよ。

貧しい家に生まれたとき、「こんな家に生まれたから私はダメなんだ」「人を踏み台にしてでも金持ちになってやる」みたいな考え方をするのは分離の考え方です。うまくいかないことを、人や環境のせいにする。そんな分離の考え方をしていても、ますます望まない現実が引き寄せられるだけだよね。

その反対に、**「この家に生まれたおかげでお金の大切さがわかった」「お金について学ぼうと思えた」のように考えることができたら、それは統合です。**言うまでもなく、こういう考え方ができる人には明るい未来が待っているし、それこそハンパない魅力がつくよね。

みっちゃん先生　統合の考えと言えば、私はいつも松下幸之助《まつしたこうのすけ》さん（パナソニックの創業者）の話を思い出します。

一人さん　松下さんってね、貧しい家庭に生まれて学校へも行けなかったの。おまけに、体も弱かった。だけどそのすべてを、「出世できた理由」にしたんです。

ふつうの人だったら、「だから自分はダメなんだ」っていう言い訳にするところだけど、松下さんはそれをしなかった。分離ではなく、統合の考え方を選んだの。

家が貧しかったから、うんとお金持ちになろうと思えた。

学校へ行けなかったから、自分で勉強しようと思って人一倍がんばれた。

体が弱くて病気がちだったから、人を育てて仕事を任せようと考えることができた。

そうやって、ふつうの人が三重苦と考えそうなことに感謝したんです。だから、**誰よりも成功できたし、みんなが松下さんについていきたいって思うようなすごい魅力を手に入れたんだと思うよ。**

みっちゃん先生　分離ではなく統合の考えで生きていこうって決めたら、どんな試練が出てきても必ず乗り越えられるし、幸せになれます。
私は、いかに自分の魂を神様に近づけるか、今世どこまでそれができるかという挑戦だと思っています。

一人さん　そうだよね。挑戦って言うと大変なように思うかもしれないけど、今までお伝えしてきた通り、どれも決して難しいことじゃない。それに、挑戦すればするほど魂が磨かれて自分の魅力も増すから、やっててすごく楽しいしね。

みっちゃん先生　自分が成長し、魅力がついてきたのがわかると、もっと上に行きたい、もっと、もっと……と思うのが自然な人間の姿です。しかも、神様からのご褒美もウソみたいにたくさんいただけるようになる。

ひとたび統合のおもしろさに気づくと、みんな病みつきになると思いますよ（笑）。

自分に向けられた石をダイヤモンドに変えな

一人さん　人は、つらいことや苦しいことがあると、心に石を投げられたような痛みを感じます。悪口や陰口という石を投げられたり、失敗という石が飛んできたり、悲しみという石が降ってきたり……いろんな石に悲鳴をあげるよね。
そんなときにぜひ思い出してもらいたいのが、自分に向けられた石をダイヤモンドに変えてくれる、

「このことがダイヤモンドに変わります」

という言葉です。この言葉を言っているだけで、神様があなたを幸せな道に連れて行ってくれるんだ。

みっちゃん先生　言霊《ことだま》の力って不思議なんですけど、心が痛いときに「このことがダイヤモンドに変わります」って何度も言うと、本当に痛みがやわらいでくるんです。まるで、痛いところを神様が「だいじょうぶだよ」ってさすってくれているような、あったかい気持ちになってきます。

一人さん　そうだよね。どんなつらいことでも必ずダイヤモンドに変わるから、そ

う信じて「未来は明るい」という気持ちで言ってごらん。周りに人がいるときは小さい声でつぶやけばいいし、それも難しければ心のなかで唱えるだけでもかまわないから。

たとえば、豊かになろうとがんばっていると、なんだかんだ足を引っ張るやつが出てきたりする。でもね、そういうときも、とにかく「ダイヤモンドに変わるからだいじょうぶ」っていう気持ちを忘れないこと。それで絶対、うまくいくからね。

みっちゃん先生　私たちはいつも神様に守られているし、助けられている。そのことを思い出させてくれる言葉ですから、ぜひ、お守りのように使ってみてくださいね。

みなさんが少しでも神様の生き方に近づけるよう、一人さんも私も、いつも応援していますよ！

おわりに

楽しい人生を送るためには、
楽しい考え方が必要です。

少しぐらい嫌なことがあっても、
「このことがダイヤモンドに変わります」
この言葉を言うだけで、
不思議と肩の荷が下りるものです。

こういう言葉を一つ持っているだけで、
人生は劇的によくなるものです。

ともに、幸せの道を歩いて行きましょう。

さいとうひとり

青龍・朱雀・白虎・玄武の「四神カード」について

付録の「四神カード」の絵は、以前、お守り代わりのカードが欲しいとお弟子さんたちに頼まれて描いたものです。

東の守護神・青龍《せいりゅう》、南の守護神・朱雀《すざく》、西の守護神・白虎《びゃっこ》、北の守護神・玄武《げんぶ》というように、それぞれの方角に合わせて、部屋の四隅に飾ってください。

また、持ち歩いてもいいですよ。その場合には、4枚のカードを揃えて持ち歩いてもいいし、自分の好きなカード1枚だけ持っていてもかまわないからね。

お守り代わりに楽しんで、気軽に使ってください。

四神があなたの味方となって、きっといいことが起こると思いますよ。

斎藤一人

斎藤一人さんとお弟子さんなどのウェブ

斎藤一人さん公式ブログ

https://ameblo.jp/saitou-hitori-official

一人さんが毎日あなたのために、ついてる言葉を、日替わりで載せてくれています。ぜひ、遊びにきてくださいね。

斎藤一人さんTwitter

https://twitter.com/04Wr8uAizHerEWj

右のQRコードを読み込むか、
下のURLからアクセスできます。
ぜひフォローしてください。

柴村恵美子さんのブログ	https://ameblo.jp/tuiteru-emiko/
ホームページ	https://emikoshibamura.ai/
舛岡はなゑさんのClubhouse	https://www.joinclubhouse.com/event/xkarv0Dm
公式ブログ	https://ameblo.jp/hitori-myoudai-hana/
インスタグラム	https://www.instagram.com/masuoka_hanae/?hl=ja
YouTube	https://www.youtube.com/channel/UCW0yCWYcWWbP4tq6_qW0QAA
みっちゃん先生のブログ	https://ameblo.jp/genbu-m4900/
インスタグラム	https://www.instagram.com/mitsuchiyan_4900/?hl=ja
宮本真由美さんのブログ	https://ameblo.jp/mm4900/
千葉純一さんのブログ	https://ameblo.jp/chiba4900/
遠藤忠夫さんのブログ	https://ameblo.jp/ukon-azuki/
宇野信行さんのブログ	https://ameblo.jp/nobuyuki4499/
尾形幸弘さんのブログ	https://ameblo.jp/mukarayu-ogata/

一人さんファンなら、一生に一度はやってみたい

「八《はち》大《だい》龍《りゅう》王《おう》参り」

ハンコを10個集める楽しいお参りです。
10個集めるのに約７分でできます。

無料

場 所：一人さんファンクラブ

ＪＲ新小岩駅南口アーケード街徒歩３分
年中無休（開店時間10:00~19:00）
東京都葛飾区新小岩1-54-5　03-3654-4949

斎藤一人 銀座まるかん オフィスはなゑ

一人さんファンクラブから徒歩30秒
祝祭日休み（開店時間10:00~19:00）
東京都江戸川区松島3-15-7
ファミーユ冨士久ビル1F　03-5879-4925

金運祈願　恋愛祈願　就職祈願　合格祈願　健康祈願　商売繁盛

一人さんが
すばらしい波動を
入れてくださった絵が、
宮城県の
定義山《じょうぎさん》 西方寺《さいほうじ》に
飾られています。

仙台市青葉区大倉字上下1
Kids' Space 龍の間

**勢至菩薩様は
みっちゃん先生の
イメージ**

聡明に物事を判断し、冷静に考える力、智慧と優しさをイメージです。寄り添う龍は、「緑龍」になります。地球に根を張る樹木のように、その地を守り、成長、発展を手助けしてくれる龍のイメージで描かれています。

**阿弥陀如来様は
一人さんの
イメージ**

海のようにすべてを受け入れる深い愛と、すべてを浄化して癒すというイメージです。また、阿弥陀様は海を渡られて来たということでこのような絵になりました。寄り添う龍は、豊かさを運んでくださる「八大龍王様」です。

**観音菩薩様は
はなゑさんの
イメージ**

慈悲深く力強くもある優しい愛で人々を救ってくださるイメージです。寄り添う龍は、あふれる愛と生きる力強さ、エネルギーのある「桃龍」になります。愛を与える力、誕生、感謝の心を運んでくれる龍です。

斎藤一人（さいとう・ひとり）

実業家・「銀座まるかん」（日本漢方研究所）の創設者。

1993年以来、毎年、全国高額納税者番付（総合）10位以内にただひとり連続ランクインし、2003年には累計納税額で日本一になる。土地売却や株式公開などによる高額納税者が多いなか、納税額はすべて事業所得によるものという異色の存在として注目される。

著書に、『斎藤一人 一人道』『斎藤一人 神的 まぁいいか』『斎藤一人 龍が味方する生き方』（舛岡はなゑさんとの共著）『斎藤一人 絶対、なんとかなる！』『斎藤一人 俺の人生』『普通はつらいよ』（以上、マキノ出版）などがある。

みっちゃん先生

一人さん曰く、「みっちゃんがおむつをしている頃に出会い」、子どもの頃から一人さんの生きざまをそばで見ながら「ふわふわ楽しく魂的に成功する生き方」を学ぶ。現在も一人さんと毎日、旅をしながら、一人さんに学び、その教えを実践。魂の時代を心豊かに生きたいと願う人々に、「一人さんに教わったこと」「一人さんの愛ある言葉」を伝える活動を続けている。

主な著書に『斎藤一人 神様とお友だちになる本』『斎藤一人 ほめ道』（以上、PHP研究所）、一人さんとの共著に『斎藤一人 愛語』『斎藤一人 神はからい』『斎藤一人　父の愛、母の愛』（以上、マキノ出版）などがある。

斎藤一人
人生がダイヤモンドに変わります

2021年8月24日　第1刷発行

著　者　斎藤一人
　　　　みっちゃん先生
発行人　室橋一彦
編集人　髙畑 圭
発行所　株式会社マキノ出版
　　　　https://www.makino-g.jp
　　　　〒101-0062
　　　　東京都千代田区神田駿河台2-9
　　　　KDX御茶ノ水ビル3階
　　　　電話　書籍編集部　03-3233-7822
　　　　　　　販売部　03-3233-7816
印刷・製本所　大日本印刷株式会社

ISBN　978-4-8376-1409-8

特別付録 いいことが起こる！「**四神カード**」

使い方は170ページをご参照ください

※線に沿ってていねいに切り取ってください

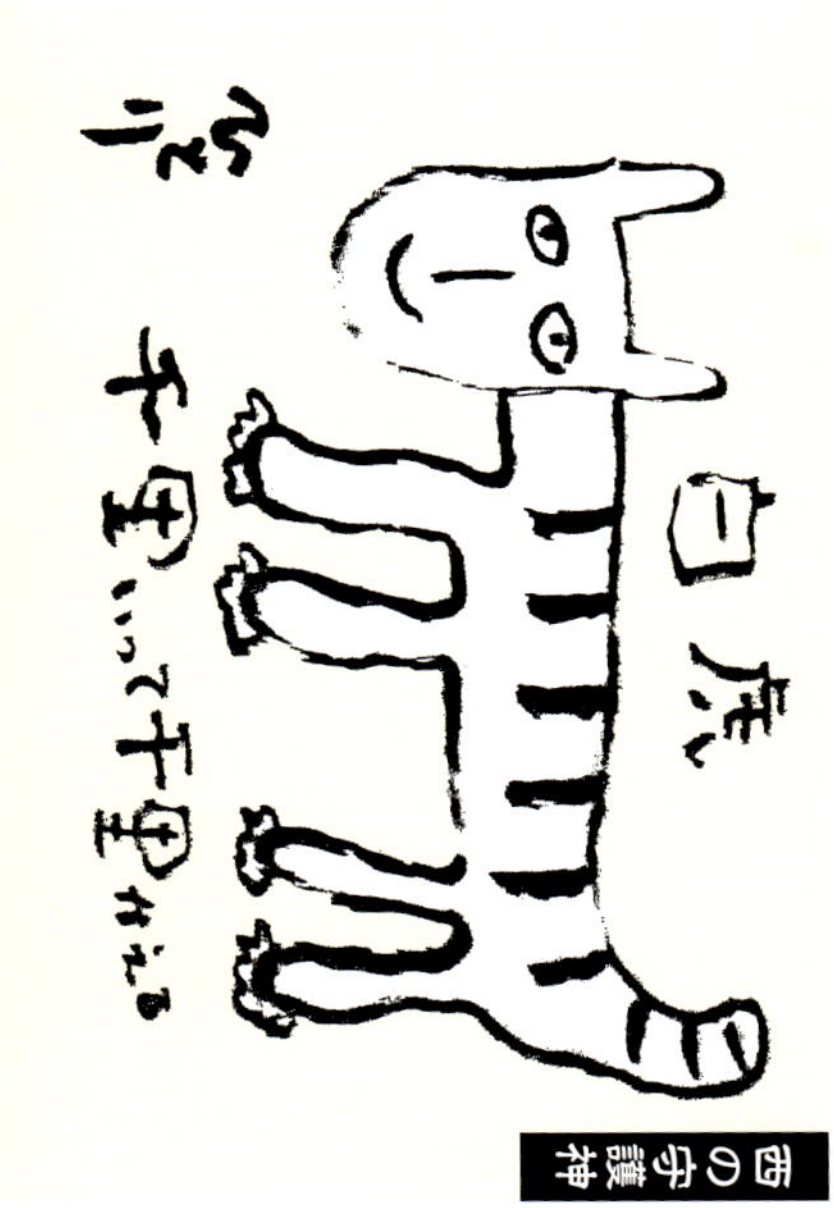

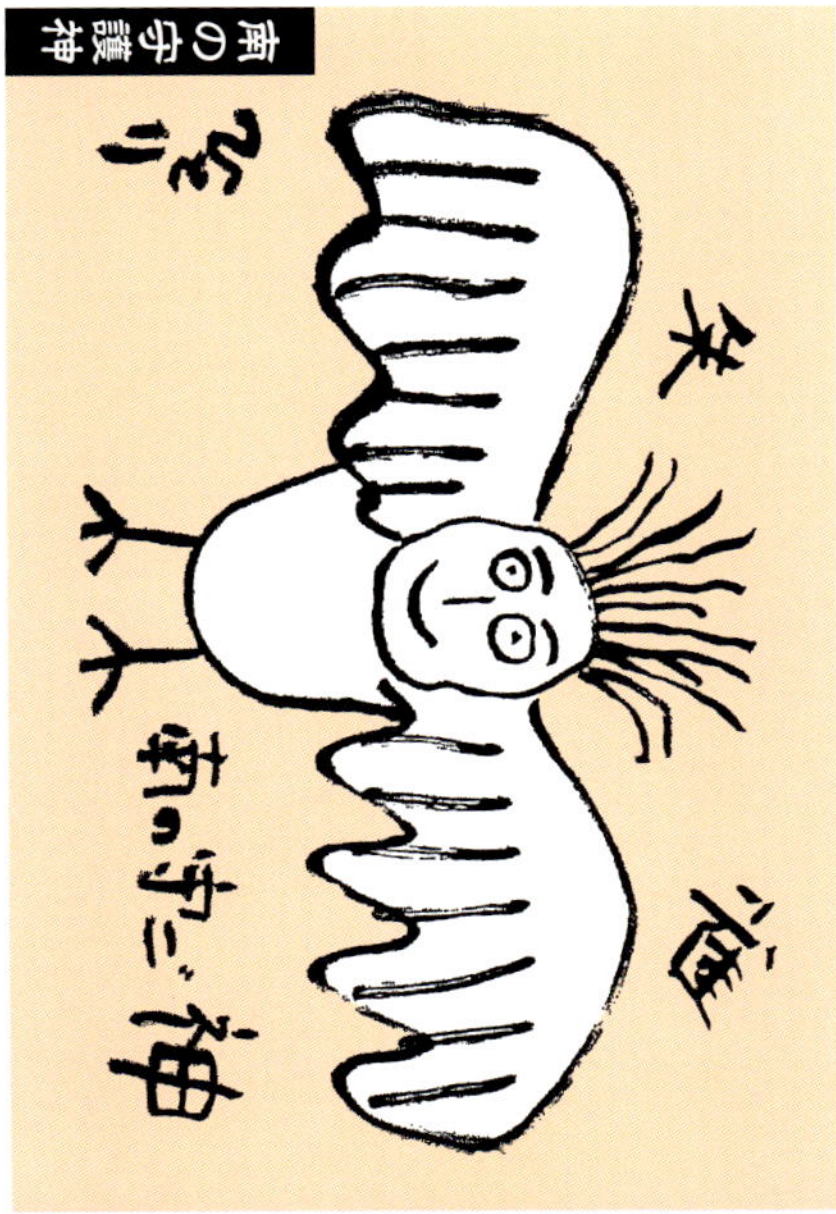

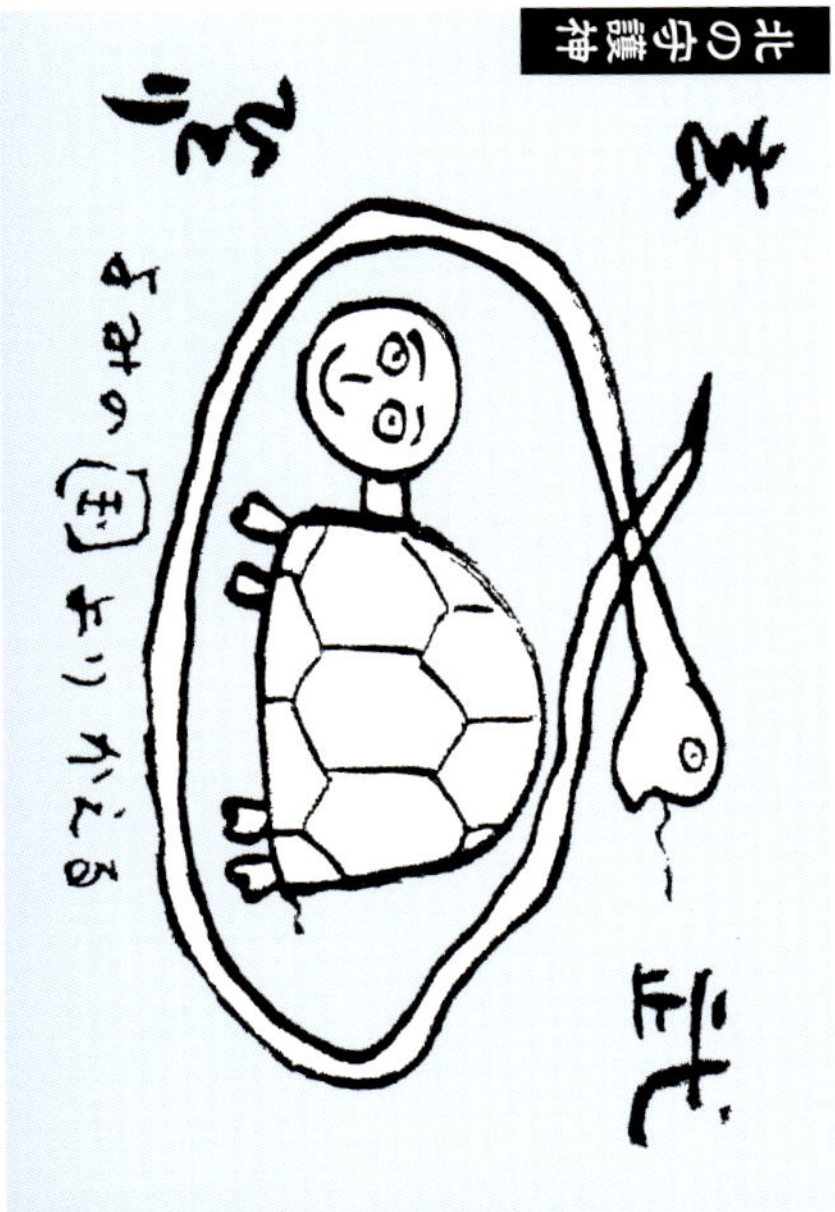